Gut gezeugt ist halb gewonnen

Hermann Meyer

Gut gezeugt ist halb gewonnen

- Die Zeugungssituation bestimmt dein Schicksal -

TRIGON

1. Auflage

Tel.: 089-2603959, Fax: 089-2603959

Dieses Buch will Sie informieren. Die Angaben sind nach bestem Wissen zusammengestellt; dennoch sind Fehler nicht vollständig auszuschließen. Verlag und Autor übernehmen infolgedessen keinerlei Verpflichtung oder Haftung für etwaige inhaltliche Unrichtigkeiten. Bei den verwendeten Fallstudien wurden die Namen, Berufe, Orte und andere biografische Details geändert. Irgendwelche Übereinstimmungen mit lebenden Personen wären demnach rein zufällig.

Bitte beachten Sie: Der Verfasser gibt weder direkt noch indirekt medizinische Ratschläge. Es liegt nicht in der Absicht des Verfassers, Diagnosen zu stellen oder Verordnungen zu erteilen. Seine Zielsetzung besteht lediglich darin, Informationen anzubieten. Wenn Sie die vorliegenden Informationen ohne Einschaltung eines Arztes anwenden, so verordnen Sie sich eine Selbstbehandlung, ein Recht, das Ihnen zusteht. Verlag und Verfasser übernehmen hierfür jedoch keine Verantwortung.

Umschlaggestaltung: Werbepool, Heinz Hartmann, 82152 Planegg, Pasinger Straße 38a, E-Mail: werbemacpool@aol.com
Satz, Druck und Bindung: Ebner & Spiegel, Ulm
Printed in Germany
ISBN 3-00-008704-4

Inhaltsverzeichnis

Vorwort 9

I. Zeugungssituation und Schicksal

Jeder ist ein Winner 13
Wer gewinnt unter 100 Millionen? 15
Die Zeugungssituation bestimmt das Schicksal 18
Bewusste und unbewusste
Schwangerschaftsmotivationen 26
Fragen zur Zeugungssituation 30
Das Leben als unbewusste Wiederholung der
Zeugungssituation 33
Déjà-vu-Erlebnisse 36
Unbewusste Dankbarkeit 38
Wie eine Zeugungssituation die ganze Welt
beeinflusst 42
Zwei- und eineiige Zwillinge 45
Künstliche Befruchtung 48
Die Prägung durch die Mutter 51
Das Skript – der unbewusste Lebensplan,
der das ganze Leben bestimmt 54
Die Zeugungssituation als Ursache für die Nicht-
erfüllung von elterlichen Erwartungshaltungen 56
Die Inkarnation einer heimlichen und schnellen
Befreiung 63
Die Prägung durch das Milieu 65
Tabuisierungen in der Unterschicht 68
Die Mittelschicht 76

Die Oberschicht 84
Jenseits der Schichten 86

II. Heilung

Die Umpolung des eigenen Gewissens 91
Heilung durch den Gegenpol oder durch Kompensation 102
Die Heilung der Mutter in sich selbst 110
Die Heilung des Vaters in sich selbst 116
Unbewusste Vereitelung der Heilung 118
Heilung durch Erfüllung eines Wunsches der Mutter oder des Vaters 121
Das Vater- und Mutterbild und deren Auswirkungen auf die Partnerschaft 125
Heilung durch die Anziehung eines passenden Partners 127
Die Entwicklungsstufen in der Partnerkarriere oder: Auf dem Weg zum Traumpartner 140
Die Zeugungssituation ist mitbestimmend für die Partnerwahl und den Verlauf der Partnerschaft 145
Die Entwicklungsstufen der anderen Strukturanteile des eigenen Selbst 151
Heilung durch die richtige Wahl der Heimat und der eigenen Wohnung 155

III. Fallstudien

Jeanette V.: Wie man eine Gewinnerin wird 163

Susanne B.: Ein Traum wird wahr 166
Simon O.: Die Inkarnation eines Experiments und einer Ortsveränderung 173

IV. Das Zeugungs-Rekonstruktions-Training (ZRT)

Das Zeugungs-Rekonstruktions-Training (ZRT) – eine Chance zur Neugestaltung des eigenen Lebens . . 181
I. Phase: Schilderung der Zeugungssituation 181
Die Zeugungssituation als Theateraufführung 181
II. Phase: Schilderung des bisherigen Lebens 183
III. Phase: Das Finden der Lösung 184
Die Vermeidung von Irrwegen und Umwegen 187
Das persönliche Paradies 189

Anhang

Psychologische Astrologie 195
Begriffserklärungen 215
Bibliografie 218

Vorwort

Eine Frau erzählte einmal in einer Gruppe so ganz nebenbei, auf welche Weise ihr Kind gezeugt wurde. Dadurch wurden andere Frauen ermutigt zu schildern, was bei der Entstehung ihrer Kinder vorgefallen war.

Zunächst dachte ich mir nichts dabei, doch irgendetwas ließ mich plötzlich hellhörig werden, und ich wollte mehr wissen. Ich erfuhr, was aus all diesen Kindern geworden ist, welche Eigenarten und Vorlieben sie entwickelt, welche Berufe sie ergriffen und welche Partner sie gewählt haben. Zu unserer Überraschung stellte sich heraus, dass in jedem einzelnen Fall eine Beziehung bestand zwischen der Zeugungssituation der Kinder und deren späterem Leben bzw. Schicksal. Das Ganze war für mich spannender als jeder Krimi.

Ich kam zu frappierenden Erkenntnissen, die sich nach und nach wie Mosaiksteine zu einem Gesamtbild fügten. Mir wurde klar, wie die Natur des Unbewussten arbeitet sowie welcher Mechanismen und Gesetzmäßigkeiten sie sich bedient, um ihre Ziele zu erreichen. Aufgrund hunderter Fallstudien entwickelte ich schließlich das Zeugungs-Rekonstruktions-Training (ZRT), das den Einzelnen befähigt, das Drehbuch seines Lebens zu eruieren und die Lernaufgaben, die aus seiner Zeugungssituation resultieren, erfolgreich zu erfüllen.

Viele plädierten dafür, diese Methode Zeugungs-Rekonstruktions-Therapie zu nennen. Doch genau genommen handelt es sich dabei nicht um eine Therapie, denn es geht hier ja nicht um die Heilung einer Krankheit oder die Beseitigung einer psychischen Störung.

Teilnehmer am Zeugungs-Rekonstruktions-Training sind psychisch gesunde Menschen, die wissen wollen, welches – meist verborgene – Skript ihr Leben bestimmt und nach welchen Strategien und Taktiken vorzugehen ist, um ohne größere Umwege und Zeitverluste die richtige Wahl ihrer Wohnung, ihres Partners und ihres Berufes zu treffen, kurz, um ihr persönliches Paradies zu verwirklichen.

Noch etwas: Ich habe das vorliegende Thema vorwiegend aus dem psychologischen Blickwinkel dargelegt und die (allgemein mit Vorurteilen behaftete) Astrologie dabei ausgeklammert. Dazu habe ich mich entschlossen, damit dieses Werk auch von denen verstanden werden kann, die mit der astrologischen Terminologie nicht oder nur unzureichend vertraut sind. Für alle astrologisch interessierten bzw. vorinformierten Leser sind im Anhang dieses Buches Fallbeispiele aufgeführt, aus denen zu ersehen ist, dass sich die Umstände und Themen der jeweiligen Zeugungskonstellation in den zugehörigen Horoskopen widerspiegeln.

München, den 15. 3. 2002 — Hermann Meyer

I. Zeugungssituation und Schicksal

»Wenn wir nie etwas wagen,
gewinnen wir nie etwas.«
(Alexis Carrel)

Jeder ist ein Winner

Jeder Mensch ist aus einem Akt der Freude und der Lust entstanden. Deshalb hat grundsätzlich jeder Mensch die Tendenz, ein Leben lang nach Glück zu streben bzw. sein Leben auf Freude und Lust auszurichten. Sobald der Mensch mit Moral und Konvention in Berührung kommt, wird dieser Drang zum Glück nach und nach gebremst und die »Vernunft« gewinnt die Oberhand in seinem Leben. Dadurch bildet sich eine zweite Natur, die so genannte Kollektivneurose, die die wahre erste Natur immer mehr überlagert.

Aus diesem Grund kann ein Mensch, der nur diese zweite Natur lebt – und das tut ein Großteil der Bevölkerung – nie wirklich mit seinem Leben zufrieden sein. Unbewusst sucht er zeitlebens sein verlorenes Paradies, seine erste Natur.

Um wieder zu dieser ersten Natur zu gelangen, gilt es, »back to the roots« zu gehen, also zu den Wurzeln, das heißt bis zu dem Zeitpunkt, an dem alles begann.

Wenn es gelingt, diese frühe Prägung zu verstehen, kann man sich lange Umwege und Irrwege des Schicksals ersparen. Dies ist jedoch nicht so einfach wie es scheint. Es geht darum, die eigene psychische Struktur zu erkennen und danach zu leben. Diese scheinbare Selbstverständlichkeit ist das schwierigste Unterfangen in der Persönlichkeitsentwicklung. Wer kann schon von sich behaupten, dass er sich selbst, – und das wohlgemerkt in seiner ersten Natur – immer treu geblieben ist? Wer kann von sich sagen, dass er sich nicht schon dutzende Male von seinem eigenen Weg hat abbringen lassen?

Um mehr Selbstbewusstsein und Kraft für die Verwirklichung der ersten Natur zu bekommen, sollte man sich immer der Tatsache eingedenk sein, dass man durch ein Spermium entstanden ist, das bereits Gewinner war gegenüber Millionen von anderen Spermien. Insofern ist zunächst jeder Mensch ein »Winner« – nur wird ihm seine Winner-Mentalität im Laufe seiner Kindheit und Jugend vielfach systematisch abtrainiert. Nur hie und da kommt das unbewusste Wissen, dass er ein Winner ist, zum Vorschein, etwa wenn er beim Lotto das Gefühl des »Ich komme, ich sehe, ich gewinne« hat, obwohl die Chance, sechs Richtige zu haben, 1:13,2 Millionen beträgt, oder wenn er glaubt, wäre er Trainer der Fußballnationalmannschaft, würde er seine Spieler von Sieg zu Sieg führen.

Dieses Buch will aufzeigen, wie man tatsächlich wieder ein »Winner« wie damals werden kann. Es will zum einen dabei helfen, die eigene Prägung zu verstehen, zu erkennen, warum man so und nicht anders fühlt, denkt und handelt, und zum anderen, daraus Lösungen abzuleiten, die über die Bewältigung der Spannungen, Probleme und Konflikte in Bezug auf Vater und Mutter sowie über die Verwirklichung des eigenen »Angelegtseins« führen.

»Und jedem Anfang wohnt ein Zauber inne ...«
(Hermann Hesse)

Wer gewinnt unter 100 Millionen?

Die Eizelle strömt eine Anziehungskraft aus, der Spermien nicht widerstehen können. In gemeinsamer Anstrengung haben die Forscher Michael Eisenach und Dina Ralt vom Weizmann-Institut, Shlomo Mashiach von der Universität Tel Aviv sowie Dana Thompson und David Garbers von der Universität Dallas herausgefunden, dass in der Follikelflüssigkeit, die die Eizelle umgibt, eine Art Parfüm enthalten ist. Bei Laborversuchen sahen sie, dass Spermien den Eizellen, wenn diese an eine andere Stelle bewegt wurden, immer wieder nachschwammen. In der nachfolgenden In-vitro-Fertilisation wurden genau jene Eizellen befruchtet, die eine anziehende Wirkung auf Spermien ausgeübt hatten. Außerdem stellte sich heraus, dass nur die aktivsten, agilsten und fittesten Spermien erfolgreich waren. Die Beobachtungen außerhalb des Körpers konnten für den Befruchtungsvorgang selbst bestätigt werden. Es steht mittlerweile zweifelsfrei fest: Zwischen Spermien und Eizellen besteht eine komplexe Kooperation.

Unter den etwa hundert Millionen Spermien eines Ejakulates werden die »Besten« der Samenzellen, also die flinksten und mobilsten, von der Eizelle angezogen. Nur eine »Auswahlmannschaft« von etwa zweihundert Samenzellen kommt ins »Endspiel«.

Während die Spermien durch den weiblichen Genitaltrakt schwimmen, werden sie durch eine chemische Reaktion – die Kapazitation –, auf die nächsten Schritte in ihrem Leben vorbereitet. An der Eizelle angekommen, liegen noch eine Vielzahl tückischer Hindernisse vor ihnen. Es gilt zum Beispiel, die Zona pellucida und die Schutzmembran der Eizelle selbst zu passieren. Die »Eindringfähigkeit« ist aber auch durch eine Art Aktivierung bedingt. Die Spermien ändern sich, die Schwanzbewegungen werden heftiger und ungleichmäßiger. Man könnte fast versucht sein, dies als Vorfreude zu deuten, schließlich sind diese Bewegungen Hinweise auf das baldige Ende der Reise. Man nimmt an, dass diese weit ausholenden Schweifschläge jene Kräfte mobilisieren, die die Spermien benötigen, um die Zona pellucida zu durchdringen. Die Spermien machen es den Forschern nicht leicht, dieses Ereignis zu untersuchen, denn sie zeigen geradezu individualistische Prägungen. Sie können urplötzlich den hyperaktiven Status abschalten und völlig »cool« weiterschwimmen. Möglicherweise dienen die Schweifbewegungen auch dazu, die allerersten Kontakte des Spermiums mit der Eizelle zu verlängern. Ohne all diese Mühen bliebe die Befruchtung für ein Spermium nur ein Traum.

Die Biologin Vivien Marx schreibt in ihrem Werk »Das Samenbuch«: »Zwischen Spermium und Eizelle werden wichtige Erkennungscodes ausgetauscht. Schließlich laufen den Spermien auf ihrer Reise durch den weiblichen Genitaltrakt hunderte von Zellen über den Weg, aber Mann kann sich schließlich nicht mit irgendwelchen beliebigen Passantinnen vereinigen, also etwa weißen Blutkörperchen. Um eine gezielte Auswahl zu gewährleisten, spielen Proteine an der Oberfläche eines Spermiums und der Zona pellucida eine wichtige Rolle. Wenn diese wie ein Schlüssel ins richtige Schloss passen, können weitere Schritte erfolgen.

Der Marsch durch das weibliche Gefilde ist nur für fitte Spermien möglich. Im Eileiter selbst müssen Eizelle und Spermium in entgegengesetzter Richtung getragen werden – aufeinander zu. Komplexe Sekretströme und Muskelkontraktionen besorgen diese heikle Aufgabe. Die Sekrete der Eileiter versorgen die Spermien dabei mit der notwendigen Nahrung.

Wenn alles seinen normalen Gang geht, werden nun zwischen der Membran des Spermiums und den Schutzschichten der Eizelle chemische Verständigungsprotokolle abgeglichen, die freie Fahrt für die Verschmelzung geben. Zugleich wird ein Signal ausgesandt – die Membran lässt nur einen Gast, ein Spermium herein. Alle anderen gehen zugrunde.«

»Auch wenn das Schicksal feindlich ist,
kann ein Weiser immer noch das Glück erstreben
und gegen den Wind segeln, um es zu schaffen.«
(Jean-Jacques Rousseau)

Die Zeugungssituation bestimmt das Schicksal

Zwar sind die Gene wichtig – sie bestimmen unser Aussehen und bedingen Erbkrankheiten – doch der Mensch ist in seiner psychischen Entwicklung weit über das Genetische hinausgegangen. Im Unterschied zum Affen hat er sich kulturgeschichtlich weiterentwickelt. Dadurch wurde die Struktur seines Gehirnes so stark verändert, dass wir von einem qualitativen Sprung sprechen können. Dieser qualitative Sprung ist nicht in unseren Genen nachweisbar. Der Wissenschaftler Friedrich Cramer konstatiert hierzu: »Die Gene programmieren lediglich das Grundgerüst, das zwischen Affen und Mensch nicht unähnlich ist. Doch die höheren Funktionen, das Denken, das Soziale, die Seele werden auf einer nicht genetischen Ebene geprägt.«

So wie es bei der Genforschung unter anderem wichtig ist, zurück zum Keim, das heißt, zu den so genannten Stammzellen zu gehen, weil damit die Möglichkeit besteht, aus diesen omnipotenten Zellen jedes x-beliebige Organ oder Organsystem herzustellen, so gilt es auch auf der seelisch-geistigen Ebene zurückzugehen, also bis zu dem Zeitpunkt, an dem alles begann: zur Zeugungssituation.

Das Ei reift im Mutterleib innerhalb von elf bis vierzehn Tagen heran und kann nach dem so genannten Eisprung befruchtet werden. Innerhalb dieses Zeitraums erfährt das Ei aufgrund des Fühlens und Denkens sowie der Probleme, Konflikte, Spannungen und Schicksalsereignisse der betreffenden Frau eine seelisch-geistige Vorprägung, die mit einer ebensolchen der Spermien des Mannes eine Verbindung einhergeht. Insofern ist der Zeugungsakt der entscheidende Moment, in dem sich Genetisches mit Seelisch-Geistigem verbindet und dadurch der Keim erwachsen kann. In der Zeugungssituation kommt über eine entsprechende Symbolik all das Potential – sowohl positives als auch negatives – zum Ausdruck, das in der Natur der Eltern des Kindes liegt. Entsprechend der gleichnishaften Prägung durch die Zeugungssituation formen sich Körper, Seele und Charakter, was schließlich zu einem ganz bestimmten Schicksal führt. Mit anderen Worten: Aufgrund dieser Prägung filtriert der Mensch nach seiner Geburt aus den Umweltbedingungen und Einflüssen seiner Eltern bzw. Erzieher das heraus, was er zur Ausformung seiner psychischen Struktur und seines Charakters braucht.

Die Psyche sucht also nach *Bestätigung* und *Verstärkung* dieser Prägung und trachtet danach, die Zeugungssituation später auf einer anderen Symbolebene zu wiederholen. Felix ist zum Beispiel nachts auf einer Waldlichtung nahe einer Großstadt gezeugt worden. Seine Eltern waren während des Zeugungsaktes in permanenter Spannung, da sie befürchteten, von Voyeuren beobachtet zu werden. Sie zuckten jedes Mal ängstlich zusammen, wenn es im Gebüsch verdächtig zu rascheln begann. In einem unbewussten Wiederholungszwang hat Felix eine Wohnsituation gewählt, in der er jederzeit von außen beobachtet werden kann. Da er Stores für altmodisch und spießig hält, lässt er die Fenster ohne Sichtschutz. Auch seine Terrasse kann man einsehen, und so hat er ständig das Gefühl, auf einem Präsentierteller zu sitzen. Er weiß nicht, ob die anderen wirklich schauen, aber er fühlt sich immer und überall beobachtet. Die damalige Stimmungslage seiner Eltern hat er gewissermaßen als Grundlebensgefühl mitbekommen. Die früheren Spannungen und Ängste zeigen sich nun auf einer neuen Symbolebene. Dies geht so weit, dass es bei ihm* aufgrund seiner Zeugungssituation zu psychosomatischen Beschwerden gekommen ist; denn durch die stete Wiederholung der damaligen Gefühlslage wurde sein Herz beunruhigt und belastet. Er leidet heute an Herzrhythmusstörungen, da die Unsicherheit und die dauernden Irritationen (auch wenn sie nur imaginär sind) sein Herz aus dem physiologischen Rhythmus bringen.

In der folgenden Übersicht werden mögliche Auswirkungen einer bestimmten Zeugungssituation auf das Leben eines Menschen dargestellt, zunächst ungünstige, dann günstige.

Zeugungssituationen	**Affinität zu ungünstigem Schicksal**	**Lernaufgaben**
verdrängte Aggressionen; verdrängte Männlichkeit	Streit; Unfälle; Neigung zu Entzündungen; Sticheleien	Erlernen von Durchsetzungsfähigkeit, Selbstbehauptung, Initiative und Wagemut
Erwartungshaltungen; Vorstellungen; Druck; Manipulation; Eifersucht	Ohnmacht gegenüber Erwartungsdruck, Manipulation oder Gewalt; Einlassen auf Machtkämpfe in Partnerschaft und Beruf; Neigung zu Fixierungen; Neigung zu Spasmen	Gewinnen von Macht über sich selbst; Entwicklung realistischer Vorstellungen; Entdeckung des eigenen Weges
Moral; Konventionen; Tabus;	Hemmungen und Blockaden; Verzögerungen;	Aufstellen eines eigenen Gesetzeskodex;

*) vgl. die Seiten 203 und 204

Anstand; Ideale; Normen	Einschränkungen; mangelnde Lebensfreude; Neigung zu Knochen- und Wirbelsäulenleiden; Selbstbestrafungstendenzen	Leben nach einer neuen Ethik; Übernehmen von Verantwortung für das eigene Handeln; Anstreben von eigenen Zielen
Spannung; Aufregung; Irritationen	Seitensprünge; Skandale; Irritationen; Unfälle; plötzliche Ereignisse; Aufsuchen oder Inszenierung von Spannungen und Aufregungen; Vorliebe für Krimis etc.; Herzrhythmusstörungen; Cor nervosum	Freiheit; Unabhängigkeit; abwechslungs- und spannungsreiche Lebensgestaltung
Schein; Lüge; Täuschung; Betrug; Heimlichkeiten; Verunsicherungen; Ängste	Entlarvungen; Entillusionierungen; Enttäuschungen; Betrügereien; »Auffliegen« von Heimlichkeiten; Intrigen; Tendenz zu Neurasthenie	Fähigkeit, Hintergründe aufzudecken; Fähigkeit, Rätsel zu lösen; Fähigkeit, Lüge und Schein zu entlarven; Entwicklung einer eigenen Fantasie; Erkennen von persönlichen Alternativen; Fähigkeit, sich selbst zu erlösen

Zeugungssituationen	Affinität zu günstigem Schicksal
genussvolle Atmosphäre; Vorhandensein von Sinnlichkeit und Genussfähigkeit bei den Eltern	Tendenz, sich in Situationen zu begeben, in denen Genuss möglich ist
gut funktionierende Kommunikation; intakter Informationsfluss	Zugang zu wichtigen Informationen; Erleben guter Kommunikation
seelischer Gleichklang; seelische Liebe und Wärme; Geborgenheit; Oralsex	Aufsuchen von Situationen, in denen man sich geborgen fühlt oder in denen eine angenehme Stimmung vorherrscht
spielerischer Sexualakt	Kreativität; erfüllende Sexualität; Spiel- und Experimentierfreude
erotische Stimmung; Harmonie; Glück	Tendenz, immer wieder Glücksmomente zu haben; Fähigkeit, mit seinem Partner eine erotische Stimmung zu erzeugen

Die oben genannten günstigen Auswirkungen im Schicksal eines Menschen sind aber nur dann zu erwarten, wenn *beide* Elternteile die Zeugungssituation gleichermaßen positiv wahrgenommen haben. Wenn dies nur bei einem der beiden der Fall war, kann es sein, dass deren Kind im Erwachsenenalter ständig in Situationen gerät, in denen ebenfalls nur einseitig beglückende Gefühle oder Erfahrungen möglich sind. Meist ist dabei auch das Verhältnis zwischen Geben und Nehmen unausgewogen.

Noch etwas ist in diesem Zusammenhang zu beachten: All die günstigen Zeugungssituationen können auch neurotisch gefärbt sein – etwa, wenn nur eine krankhafte Form von

Liebe empfunden wird, also eine, die von der Realität des Lebens weit entfernt ist, in der zum Beispiel der jeweilige Partner nicht in seiner wirklichen seelischen Eigenart erkannt und angenommen wird. In derartigen Fällen hat das dabei entstandene Kind später die Tendenz, illusionäre oder romantisch verklärte Liebesbeziehungen einzugehen, die jedes Mal scheitern bzw. mit einer Enttäuschung enden.

Ein so geprägter Mensch hat die Aufgabe, den Schein, die Illusionen und Lügen, die in solchen Liebesbeziehungen mitschwingen, zu durchschauen und zu einer Form von Liebe vorzustoßen, die auf dem Boden der Realität gedeihen kann.

Obige Aufstellung mit den ungünstigen und günstigen Auswirkungen auf das Schicksal könnte man, da das Leben komplex ist, endlos fortsetzen. In diesem Zusammenhang ist es wichtig, die jeweilige Intention des Schicksals zu erkennen. Erst dann wird deutlich, dass das Schicksal nicht etwas Numinoses, Transzendentes, womöglich von irgendeinem außerirdischen Wesen Inszeniertes ist, sondern etwas, das von jedem Menschen, der dessen Gesetzmäßigkeiten zu nutzen versteht, aus eigener Kraft gestaltet werden kann. Somit hat jeder die Chance, zum »Designer« seines Schicksals zu werden und ist diesem keineswegs hilflos ausgeliefert. In der Rubrik »Lernaufgaben« werden Hinweise gegeben, mit deren Hilfe man aus dem alten Schicksalskarussell, in dem man sich ohnmächtig gefangen fühlt, aussteigen und damit beginnen kann, ein selbstverantwortliches Leben zu führen.

Natürlich hat es jemand, der in liebevoller, genussreicher und erotischer Atmosphäre gezeugt wurde, gewöhnlich leichter im Leben. Vielleicht fällt ihm vieles zu – ohne dass er sich besonders zu bemühen braucht –, wovon andere nicht einmal zu träumen wagen. Doch auch ein Mensch, der unter widrigen Umständen gezeugt wurde, kann zu einem Günstling des Schicksals werden – vorausgesetzt, er macht sich die zugrunde liegende Problematik bewusst und ändert daraufhin sein Denken und Handeln. Wie kann dies in der Praxis aussehen?

Dazu ein Beispiel: Wenn die Eltern eines Kindes bei dessen Zeugung wenig Genuss empfanden, fällt es diesem Kind später meist überaus schwer, irgendetwas zu genießen – in der Schulzeit, weil ständig irgendwelche oft lästigen Schularbeiten anstehen, und im Berufsleben, weil täglich unangenehme Arbeiten zu erledigen sind.

Der Betreffende hat permanent ein schlechtes Gewissen, zum Beispiel, wenn er sich auf ein längeres privates Gespräch einlässt, spazieren geht, zum Baden an einen See fährt, mit Freunden feiert oder ausgeht. Während der ganzen Zeit hängt seine aktuelle Pflicht gleichsam wie ein Damoklesschwert über ihm.

Eine eingeschränkte Genussfähigkeit kann sich auf allen Lebensgebieten hemmend auswirken, etwa, dass jemand das Essen nicht genießen kann aufgrund von

Zeitmangel,
rigiden Diäten,
gesundheitlichen Bedenken
oder Figurproblemen,

oder dass er keinen Spaß an der Sexualität findet aufgrund von

Pflichtbewusstsein,
Irritationen,
Schamgefühlen,
Schuldgefühlen
oder Ängsten.

Unbewusst manövriert sich der Betreffende immer wieder in Situationen, in denen er glaubt, nicht genießen zu dürfen. Wegen dieses unbewussten Verbotes wird jeder noch so kleine Übertritt durch sein Unbewusstes geahndet. Eine solche Selbstbestrafung kann verschiedene Formen annehmen. Typisch für einen Genussgehemmten sind etwa Verletzungen und Knochenbrüche während eines Urlaubsaufenthaltes,

Blasenentzündungen nach Schäferstündchen im Freien, kleinere Unfälle auf dem Nachhauseweg von einer Feier und so weiter.

Nicht selten hat ein so Geprägter auch eine Affinität zu einer Weltanschauung oder Ideologie (zum Beispiel Asketizismus), in der jeglicher Lebensgenuss verpönt ist.

Wie kann sich ein Betroffener aus derartigen scheinbaren Schicksalszwängen befreien? Zunächst muss er sich seine Prägung »Hemmung im Genuss« bewusst machen und die Ursachen hierfür analysieren. Dann sollte er sich vor Augen führen, dass von der Natur Lebensgenuss gewollt ist, dass das Streben nach Genuss ein überaus wichtiges, wertvolles Lebensprinzip ist, und dass er folglich ein *Recht auf Genuss* hat. Und dieses Recht muss er sich *nehmen!* Denn: Wer sich ein Recht, das ihm zusteht, nicht beansprucht, dem wird es genommen! Wenn er es nicht schafft, hier eine Umpolung seines Gewissens* vorzunehmen, besteht die Gefahr, dass er diese falsche Prägung an die nächste Generation weitergibt und dadurch auch das Leben seiner Nachfahren vergällt.

* »Umpolung des Gewissens« siehe Seite 91 ff.

»Sollte sich eine Inspiration bei einer Frau nicht durch eine Schwangerschaft äußern können?«
(Novalis)

Bewusste und unbewusste Schwangerschaftsmotivationen

Eine der wichtigsten Fragen, die man sich im Zusammenhang mit der Situation, in der man gezeugt wurde, stellen sollte, ist die nach den bewussten und unbewussten Schwangerschaftsmotivationen seiner Eltern.

Fragt man Paare, warum sie sich Kinder wünschen, so bekommt man nicht selten zur Antwort:

»Weil wir kinderlieb sind.«

»Weil wir die Entwicklung eines Kindes miterleben wollen.«

»Weil ein Kind für uns die Erfüllung bedeutet.«

Manchmal hört man auch:

»Weil wir einem Wesen aus der Transzendenz eine Chance geben wollen zu inkarnieren.«

Neben solchen »edlen« Motiven kann es jedoch auch weniger edle geben, die teils bewusst, teils unbewusst sind.
So streben viele eine Schwangerschaft an,

- um aus ihrem Beruf aussteigen zu können,
- um Steuervergünstigungen zu erhalten,
- um den Partner an sich zu binden,
- um aus dem Elternhaus ausbrechen zu können,
- um sich als Frau bestätigt zu fühlen,
- um gesellschaftlich anerkannt zu sein,
- um im Alter versorgt zu sein,

- um einen Stammhalter zu haben,
- um einen Geschäftsnachfolger zu haben,
- um die eigenen nicht erreichten Ziele durch das Kind (als Stellvertreter) doch noch zu verwirklichen bzw. um den eigenen Ehrgeiz zu befriedigen (zum Beispiel soll die Tochter Filmschauspielerin oder »Eisprinzessin« werden),
- um die eigene Kindheit nachzuholen,
- um dem Ideal, eine Familie zu haben, zu entsprechen,
- um im Mittelpunkt zu stehen,
- um die Erwartungen der Eltern und Großeltern zu erfüllen,
- um einen Spielgefährten zu haben,
- um seinem Leben einen Sinn zu geben,
- um eine Erbschaft zu erhalten (es wird zum Beispiel darauf spekuliert, dass die Großeltern das »süße Kleine« als Universalerben einsetzen),
- um die eigene Ehe zu kitten,
- um eine Nebenbuhlerin auszuschalten,
- um den Mann von sexueller Betätigung abzuhalten,
- um eigene Aggressionen und Wut am Kind auslassen zu können,
- um den eigenen Drang nach Autorität ausleben zu können,
- um mit anderen Menschen ins Gespräch zu kommen und Kontakte schließen zu können,
- um sich mit dem Partner nicht auseinander setzen zu müssen,
- um einen Bundesgenossen zu haben (zum Beispiel im »Kampf« gegen den Partner),
- um einen seelischen Schuttabladeplatz bzw. Sündenbock zu haben,
- um eine Ehe zu erzwingen,
- um eine Zeitstrukturierung zu bekommen,
- um dienen zu können,

- um jemanden besitzen zu können,
- um ein Objekt für das Ausdrücken von Zärtlichkeit zu haben,
- um seinem inneren Kind Gelegenheit zu geben, sich auszudrücken,
- um über die Mutterschaft die Macht des Chefs zu reduzieren,
- um Pflichten abwehren zu können,
- um eigene Anlagen nicht entwickeln zu müssen,
- um nicht selbstständig werden zu müssen,
- um einen Grund zu haben, sich aufzuopfern,
- um Kontrolle ausüben zu können,
- um seinen Helferdrang ausleben zu können,
- um Überlegenheit ausspielen zu können,
- um einen Partnerersatz zu haben,
- um sich zu reproduzieren,
- um im Alter nicht allein zu sein,
- um einer Prüfung ausweichen zu können,
- um das Studium abbrechen zu können,
- um Erwartungshaltungen der Umwelt oder des Partners nicht erfüllen zu müssen (zum Beispiel, um im Geschäft des Mannes nicht mitarbeiten zu müssen),
- um die Geschwister ausstechen zu können,
- um ein Alibi zu haben, sich nicht mehr weiterbilden zu müssen,
- um die gleichgeschlechtliche Konkurrenzsituation in der eigenen Kindheit auf einer neuen Ebene wieder erleben zu können,
- um einem bereits vorhandenen Kind einen Bruder oder eine Schwester an die Seite zu stellen.

Die Schwangerschaftsmotivationen, die während der Zeugungssituation unbewusst mitschwingen sowie die Zeugungssituation als solche, ergeben oft ein Charakteristikum für eine entsprechende Inkarnation.

Solche Inkarnationen können sein:

- die Inkarnation einer Erpressung zur Eheschließung
- die Inkarnation einer Steuervergünstigung
- die Inkarnation einer heimlichen Liebe
- die Inkarnation einer Ehesprengung
- die Inkarnation einer Versöhnung
- die Inkarnation einer Befreiung von Zwängen
- die Inkarnation einer Hilfsaktion
- die Inkarnation einer heimlichen Befreiung von der Arbeit

...

Oder auch: die Inkarnation eines geplatzten Präservativs, wie in folgendem populären Reim geschildert wird:

»Es war mal ein Bursch, der hieß Horn,
Der wünschte, er wär nie geborn,
Das wär auch niemals geschehn,
Hätte sein Vater gesehn,
Dass der Gummi ein Loch hat ganz vorn!«

Dieser Reim vermittelt die Botschaft, dass unerwünschten Kindern ein ungünstiges Schicksal beschieden ist. Doch dies muss nicht so sein, denn manchmal kann ein Kind, das zunächst unerwünscht gewesen ist, binnen kürzester Zeit das Herz seiner Eltern gewinnen. Es kommt auch vor, dass aus dem (scheinbaren) Manko eine große Stärke wird und das Kind später durch großartige Leistungen auffällt. Ein erwünschtes Kind hingegen steht oft unter großem elterlichem Erwartungsdruck (es war ja meist deshalb so erwünscht, weil es die Erwartungen, Wünsche und Vorstellungen der Eltern erfüllen sollte) oder wird manchmal so sehr verwöhnt, dass es keinerlei Eigeninitiative oder Ehrgeiz mehr entwickeln kann.

Fragen zur Zeugungssituation:

Um der Situation, in der man gezeugt wurde, und der damit verbundenen seelisch-geistigen Prägung besser auf die Spur zu kommen, sollte man – wenn möglich – seinen Eltern folgende Fragen stellen:

Fragen zur Zeugungssituation:

1. Durch welchen Umstand kam es zur Zeugung? (Einige Beispiele: Trunkenheit, günstige Gelegenheit, Pflichtakt, Routineübung, ein Kondom verrutschte, Mutter verrechnete sich in Bezug auf Eisprung, »Samenraub«, Vater nahm Potenzpille etc.)
2. In welcher Stimmung befanden sich meine Eltern zu diesem Zeitpunkt?
3. In welcher Partnerschaftsphase befanden sich meine Eltern? (In der euphorischen Phase? In der Phase des Erkennens der Realität? In der Stagnationsphase? In der Frustrationsphase? In der Reduktionsphase? In der Resignationsphase? In der apathischen Phase?)*
4. Welche Konflikte, Probleme und Spannungen hatten meine Eltern damals?
5. Um welches Thema ging es zu dieser Zeit?
6. Wo fand meine Zeugung statt? (Im Auto, in einem Fahrstuhl, in einer Tiefgarage, im Freien, im Wald, in einem Park, an einem Strand, auf der Dachterrasse, im Treppenhaus, in der Besenkammer, auf der Toilette, im Bad, auf dem Balkon, im Bett?) Zu welcher Tageszeit kam es zum Geschlechtsverkehr?
7. Welche Rahmenbedingungen waren vorherrschend? (Zum Beispiel: Kerzenlicht, Duftlampe, Geburtstagsfeier, Tanzveranstaltung, Butler wartete vor der Türe, ein

*) vgl. Hermann Meyer: Jeder bekommt den Partner, den er verdient; München 1997

Hund kläffte währenddessen, draußen lief unentwegt die Mörtelmaschine etc.)

8. Wie war der Akt als solcher? Lag die Priorität mehr auf seelischer Liebe, auf prickelnder Erotik oder Wollust? Hatte die Kindsmutter einen Orgasmus? Hatte der Kindsvater Potenzprobleme? Fand ein Stellungswechsel oder eine Unterbrechung des Aktes statt?
9. In welcher Stadt oder in welcher Gemeinde wurde der Akt vollzogen? Was ist für diesen Ort charakteristisch? (Beispiele: Militärstützpunkt, Kurort, Regierungssitz etc.)
10. Welche bewusste oder unbewusste Schwangerschaftsmotivation lag vor?
11. Welche Erwartungshaltungen hatte meine Mutter an meinen Vater? (z. B. Heirat)
12. Wie könnte man meine Inkarnation bezeichnen? (Ich bin die Inkarnation einer/eines ....)

Aber wie sieht es aus, wenn die Mutter eines Kindes sich nicht mehr an den Tag der Zeugung erinnern kann?

Nach unseren Erfahrungen erinnern sich die meisten Mütter an die Zeugungssituation ihres Kindes bzw. ihrer Kinder. Viele berichten, sie hätten sofort nach dem Geschlechtsakt gewusst, dass sie nun schwanger sind. Es scheint also bei vielen Frauen einen Instinkt zu geben, der ihnen sagt, wann es zu einer Befruchtung kam. Selbst Frauen mit häufigem Geschlechtsverkehr können sich oft noch minutiös an Tag und Umstände einer Zeugung bzw. einer Empfängnis erinnern.

Ist es jedoch nicht möglich, Umstände, Ort, Rahmenbedingungen und Art und Weise des Aktes zu eruieren*, könnte man versuchen, die biografische Situation der Mutter zu be-

* Wie aus dem Anhang dieses Buches ersichtlich ist, besteht auch die Chance, über das Horoskop eines Menschen festzustellen, wie er gezeugt wurde und welche Themen von ihm bearbeitet werden müssen.

leuchten; denn das Thema, das sie damals besonders berührte, wird gewöhnlich zum ausschlaggebenden Schicksalsthema des Kindes.

Natürlich wäre es besser, die Zeugungssituation in ihrer Ganzheit zu sehen, aber wenn das Lebensthema bekannt ist, können oft Rückschlüsse auf weitere Bestandteile des »Mosaiks« gezogen werden.

Halten wir fest: Es sieht zwar auf den ersten Blick so aus, als ob es gute und schlechte Zeugungssituationen gäbe. Bei genauerer Betrachtung wird jedoch erkennbar, dass letztendlich nur entscheidend ist, was der Einzelne daraus macht. So kann einer, der in einer »guten« Situation gezeugt wurde, durchaus ein »Penner« werden und ein anderer, dessen Mutter in einer schwierigen oder »schlechten« Situation schwanger wurde, später ein interessantes und glückliches Leben führen. Selbst wenn jemand unter Todesängsten entstand, kann er die daraus resultierende Problematik beispielsweise dadurch konstruktiv bewältigen, indem er Genforscher wird und als solcher den Tod zu besiegen versucht oder sich als Psychotherapeut auf Angstneurosen spezialisiert.

»Vom Standpunkt der Jugend aus gesehen,
ist das Leben eine unendlich lange Zukunft,
vom Standpunkt des Alters aus
eine sehr kurze Vergangenheit.«
(Arthur Schopenhauer)

Das Leben als unbewusste Wiederholung der Zeugungssituation

Unbewusst will jeder seine Zeugungssituation und die damit verbundenen Ängstc, Spannungen und Freuden wieder erleben.

Der Einzelne spielt auf der Bühne des Lebens seine Zeugungssituation symbolisch nach – das heißt, es wird immer wieder dieselbe Vorstellung gegeben, nur auf einer anderen Symbolebene mit jeweils ähnlichen Schauspielern und Kulissen. Anders ausgedrückt: Die Zeugungssituation ist als Mixtur aus der Vorprägung des mütterlichen Eis und des väterlichen Samens die in Funktion geratene Prägung bzw. Identität. Man könnte sie als gleichnishaftes Theaterstück betrachten, das »vergrößert« zunächst in der Schwangerschaft und schließlich im Leben des betreffenden Menschen immer wieder aufs Neue aufgeführt wird.

Wie kann sich ein solch unbewusster Wiederholungszwang auswirken?

Alexander S. zum Beispiel wurde während eines Urlaubsaufenthaltes in Schottland gezeugt. Da seine Eltern die Unterkunft dort vorher nicht gebucht hatten, mussten sie mit einer unsauberen, spartanisch eingerichteten Pension vorlieb nehmen und in alten Stockbetten schlafen, die bei jeder Bewegung fürchterlich quietschten. Alexanders Mutter Gabriele hatte in dieser Zeit nur einen Wunsch: Sie wollte ein Kind von Thomas, ihrem Mann. Deshalb versuchte sie mindestens dreimal am Tag, ihn zum Sex zu bewegen, während Thomas alles daransetzte, sich von diesem Druck und Zwang zu befreien.

Er tat sein Möglichstes, um ihr klar zu machen, dass Sex ein Vergnügen sein sollte und nicht Arbeit oder Pflicht. In dieser Stimmungslage zeugten die beiden ihren Sohn Alexander.

Dies wirkte sich später so aus, dass es Alexander zu Hause immer zu fein und zu vornehm war. Er duldete in seinem Zimmer keine neuen Möbel und lehnte kategorisch jede Renovierung oder Verschönerung seines Zimmers ab. Ferner versuchte er ständig, sich dem Druck und Zwang seiner Mut-

ter zu entziehen, die ihn dazu bringen wollte, mehr für die Schule zu »arbeiten«. Aufgrund seiner Faulheit waren seine schulischen Leistungen dermaßen schlecht, dass er auf dem Gymnasium eine Klasse wiederholen musste. Die Situation spitzte sich schließlich so zu, dass seine Eltern ihn vor die Entscheidung stellten, entweder zu Hause bleiben zu dürfen und zu lernen oder in ein strenges Internat zu kommen. Er entschied sich ohne zu zögern für die Internatsschule. Zum Erstaunen seiner Eltern lebte Alexander dort auf, denn an diesem Platz fand er die Rahmenbedingungen vor, unter denen er gezeugt wurde: karge Möblierung, alte Stockbetten und unsaubere Toiletten. Es gefiel ihm dort sehr gut, ja seiner Schilderung nach hatte er sogar dabei ein Déjà-vu-Erlebnis, denn es kam ihm alles so bekannt vor, so als ob er dort schon einmal gelebt hätte. Nach dem Abitur wollte Alexander weder ein Studium beginnen noch irgendeiner Arbeit nachgehen. Er stellte sich auf den Standpunkt, dass seine wirtschaftlich gut situierten Eltern für seinen Lebensunterhalt aufzukommen hätten. Auf sexuellem Gebiet ist Alexander in einer Situation, um die ihn viele Männer beneiden: An allen Ecken und Enden bekommt er von jungen, attraktiven Frauen eindeutige Angebote, so viele, dass er sie gar nicht alle wahrnehmen könnte. Er sagt heute: »Ich will meine Ruhe haben und nicht ständig sexuelle Erwartungen erfüllen. Ich fühle mich da unter Druck. Da vergeht mir alles. Ich bin doch kein Callboy!«

Déjà-vu-Erlebnisse

Wir haben an dem vorherigen Beispiel von Alexander gesehen, dass jemand, der unter bestimmten Verhältnissen oder Rahmenbedingungen gezeugt wurde, später, wenn ihm Ähnliches begegnet, das Gefühl hat, es schon einmal gesehen oder erlebt zu haben. Dieses Phänomen wird Déjà-vu genannt. Déjà-vu-Erlebnisse sind vielfach auf die jeweilige Zeugungssituation zurückzuführen. Manche Betroffene erklären sich solche Erlebnisse mithilfe der Reinkarnationslehre. Sie glauben, dass sie diesen Partner, dieses Haus, diese Gegend usw. aus ihrem letzten Leben kennen. Sie haben das Gefühl, mit einem bestimmten Menschen, den sie gerade getroffen haben, schon seit ewigen Zeiten eine Verbindung zu haben, eine bestimmte Urlaubsregion kommt ihnen ganz vertraut vor, oder sie glauben, in dem Haus, das ihr Makler ihnen angeboten hat, schon einmal gelebt zu haben. Doch wie ist es möglich, ein Déjà-vu-Erlebnis in Bezug auf ein Haus zu haben, wenn das betreffende Haus erst fünf Jahre alt ist? Man kann in einem solchen Fall ja nicht schon einmal da gewohnt haben, aber das Haus hat dann sicher eine Entsprechung mit der eigenen Persönlichkeitsstruktur und kommt einem deshalb bekannt vor. Man erinnert sich also in Wirklichkeit nicht an das Haus, sondern an des eigenen Wesens Kern bzw. an die eigene Zeugungssituation.

Oder anders ausgedrückt: Wenn man in dieses Haus einzöge, hätte sich dadurch ein Teil des eigenen Wesens entfaltet und verwirklicht.

Ebenso ergeht es so mancher Mutter, die ein Kind zur Welt bringt, und dann das Gefühl hat, dieses schon immer gekannt zu haben. Später kann sie sich gar nicht mehr vorstellen, wie es war, als ihr Kind noch nicht zur Familie gehörte.

Auch in der Partnerschaft ist dieses Phänomen des Öfteren zu beobachten. Wenn ein Partner zu einem passt, hat man das Gefühl, mit ihm schon immer zusammen gewesen zu sein und alle bisherigen Partner nur geträumt zu haben. Es kommt einem so vor, als ob man jetzt erst erwacht sei und sich jetzt erst in der Realität befindet.

Sogar bei scheinbar trivialen Dingen kann man ein solches Déjà-vu-Erlebnis haben – etwa bei den Korbsesseln, die man in einem Möbelgeschäft gesehen hat, bei dem Auto, das einem zum Verkauf angeboten wurde, bei der Bettwäsche, der Tischdecke, ja sogar bei den Servietten, die einem ins Auge gestochen sind und die man unbedingt – fast besessen, wie aus einem inneren Zwang heraus – erwerben musste.

Wenn es nur diese spezifische Schrankwand, nur diese spezifischen Vorhänge, nur diese spezifische Lampe sein muss und nichts anderes mehr infrage kommt, dann liegt der Verdacht nahe, dass man hier der Materialisation eines »Mosaiksteinchens« des eigenen Wesens begegnet ist, dass es sich hier um einen Ausdruck der eigenen Identität handelt.

»Leben ist ja doch des Lebens höchstes Ziel.«
(Franz Grillparzer)

Unbewusste Dankbarkeit

Ein weiterer Mosaikstein für das Erkennen der Wiederholung der eigenen Zeugungssituation ist der Umstand, dass jeder all dem gegenüber (einer Sache, einem Umstand, einer Person, einer Institution etc.) dankbar ist, dem er seine Existenz verdankt. Und eine tiefe Abneigung gegenüber all dem entwickelt, das seine Existenz behindert oder beinahe vereitelt hätte.

Olivers Mutter Magda konsultierte den Pfarrer ihrer Gemeinde, um dessen Rat in Bezug auf Empfängnisverhütung einzuholen. Doch seine Empfehlungen erwiesen sich als falsch. Kurze Zeit darauf wurde sie schwanger. Obwohl Magda fünf Jahre später aus der Kirche austrat und Atheistin wurde, wollte Oliver unbedingt Ministrant werden. Er ist noch heute – im Gegensatz zu seiner Mutter und seinen Freunden – tief religiös.

Lothar O. verdankt seine Existenz dem Umstand, dass sein Vater, der am Tag zirka hundert Zigaretten konsumierte, von einem Tag auf den anderen zu rauchen aufhörte. Dadurch wurden dessen Spermien wieder schneller, was schließlich Lothar O. entstehen ließ. Lothar wetterte bereits im Alter von vier Jahren gegen das Rauchen. Heute klebt auf der Windschutzscheibe seines Autos ein Anti-Raucher-Aufkleber.

Stephan S. wurde schnell und hektisch in der Pause der Fernsehübertragung eines Fußballländerspiels gezeugt. Er hat sein Leben heute so eingerichtet, dass Hektik und Stress sein Leben beherrschen. Außerdem will er alle Handlungen extrem schnell ausführen, es fällt ihm schwer, irgendwelche Entwicklungsprozesse abzuwarten. Den Fußballsport lehnt er vehement ab.

Oft werden erst mithilfe der Zeugungssituation Eigenarten, Hobbys, Vorlieben, Spleens und Ticks einer Person erklärbar, Eigenarten, die noch nie in der Familiengeschichte vorgekommen sind, also nicht vererbt sein können und für die sich kein sonstiger rationaler Grund finden lässt.

Insbesondere, wenn jemand fanatisch für etwas plädiert oder fanatisch etwas ablehnt, logischen Argumenten nicht zugänglich ist und unbeirrt an seinen Auffassungen festhält, ist immer die Frage aufzuwerfen, wie dessen Zeugungssituation geartet ist. Nicht selten wird dabei schlagartig die Ursache dafür klar.

Manfred K. ist in einer Zeit gezeugt worden, in der es seinen Eltern wirtschaftlich schlecht ging. Noch heute häuft Manfred deshalb Unmengen von Nahrungsmitteln an, um im Falle einer Wirtschaftskrise oder Hungersnot gerüstet zu sein. Immer wieder muss er deshalb eine große Anzahl verdorbener Nahrungsmittel wegwerfen. Obwohl er weiß, dass seine Angst unbegründet ist, hortet er weiter – wie unter Zwang.

Ein anderes Beispiel: Marion G. machte Herbert, ihrem Ehemann eine Szene, weil er es versäumt hatte, sie zwei Bekannten vorzustellen, denen sie auf einem Spaziergang »zufällig« begegnet waren. Er wollte sich von den beiden nicht lange aufhalten lassen und das Gespräch so rasch wie möglich beenden, doch Marion interpretierte sein Verhalten als Missachtung ihrer Person. Sie legte großen Wert darauf, vorgestellt zu werden und hatte das Gefühl, von ihrem Mann verleugnet zu werden. Da Marion ansonsten sehr selbstständig und emanzipiert ist, hat man zunächst den Eindruck einer Überreaktion. Wenn man sich jedoch vor Augen führt, dass Marion G. in einer Situation gezeugt wurde, in der ihr Vater nicht zu ihrer Mutter stand und sie daher seiner Verwandtschaft und seinen Freunden nicht vorstellte, erscheint ihr Verhalten in einem anderen Licht. Außerdem berichtete Marion, dass alle vier Männer, mit denen sie eine langjährige feste Beziehung unterhalten hatte, sie nicht ihren Eltern und ihrer Verwandtschaft vorstellen wollten, weil sie mit ihrem Elternhaus gebrochen hatten.

Hier wird auch deutlich, wie sehr der Einzelne die Tendenz hat, ein bestimmtes Verhalten bei anderen oder bestimmte Schicksalsereignisse so umzuinterpretieren, damit er sein altes Trauma, das aus seiner Zeugungssituation resultiert, wieder erleben kann.

Außerdem gilt es zu beachten, dass für die Prägung eines Menschen ausschließlich die Situation bei dessen Zeugung

entscheidend ist und nicht das, was sich danach ereignet bzw. später bei Vater und Mutter abläuft.

Obwohl sich der Vater von Marion eines Tages voll zu deren Mutter bekannte, blieb die damalige Unsicherheit ihrer Mutter für Marion als Thema bestehen.

»Zufall ist ein Wort ohne Sinn.
Nichts kann ohne Ursache bestehen.«
(Voltaire)

Wie eine Zeugungssituation die ganze Welt beeinflusst

Dafür, dass primär die Zeugungssituation für die Prägung eines Kindes verantwortlich ist, spricht auch die Tatsache, dass Kinder aus ein und derselben Familie, denen also eine ähnliche genetische Grundausstattung von Seiten der Eltern mitgegeben wurde und bei denen dieselben Rahmenbedingungen vorherrschten, extrem verschieden sein können. Man muss sich das einmal vor Augen führen: Wenn ein Kind zu einem anderen Zeitpunkt gezeugt worden wäre, zum Beispiel einen Tag früher oder später, wäre es nicht mehr dasselbe Kind, sondern ein ganz anderes. Vielleicht würde es auch gar nicht geboren werden. Oder es wäre statt eines Jungen ein Mädchen geworden, weil die Mutter sich in einer anderen Phase des Menstruationszyklus bzw. Eisprungs befunden hätte. Wie sehr das Vorher das Nachher beeinflussen kann, zeigt der Fall Corinna S. (32). Nachdem deren Tochter Bettina eingeschult wurde, wollte sie unbedingt ein zweites Kind haben. Als sie und ihr Mann Jens gerade dabei waren, dieses Vorhaben zu verwirklichen, klopfte die kleine Bettina an die Türe, weil sie einen Albtraum hatte und Trost brauchte. Da nachher keine rechte Lust mehr aufkam, verschoben sie den Akt auf den nächsten Tag. Doch Jens klagte an diesem Tag über Übelkeit – er hatte in der Kantine etwas gegessen, das er nicht vertrug. Vier Wochen später kam es nicht zum Verkehr, weil ihnen Jens' Eltern aus Norddeutschland einen Besuch abstatteten. Erst nach zirka acht Wochen konnte der Zeugungsakt vollzogen werden. Dieser führte schließlich zu dem gewünschten zweiten Kind. Er fand an einem Vormittag in der Badewanne in entspannter, lustiger Atmosphäre statt. Corinna und Jens konnten ihre Zweisamkeit an diesem Tag unbeschwert und ohne Spannungen genießen, da ihre Tochter Bettina bei einer Tante gut untergebracht war.

Wir können also konstatieren: Scheinbar banale Dinge wie in diesem Fall der Albtraum der Tochter, das möglicherweise verdorbene Mittagessen in der Kantine, der Besuch der Schwiegereltern aus Norddeutschland führten letztendlich zu einer völlig anderen Zeugungssituation und insofern zu einem psychisch völlig anders strukturierten Kind. Man stelle sich vor: Wenn die Eltern von Alexander dem Großen, Napoleon, Johann Wolfgang von Goethe, Thomas Alva Edison, Nicola Tesla oder Albert Einstein nicht genau zu einer spezifischen Zeit unter spezifischen Umständen den betreffenden Zeugungsakt vollzogen hätten, so wären all diese Größen der Geschichte nie in Erscheinung getreten und damit sähe die Weltchronik total anders aus.

Diese Überlegung gilt nicht nur für berühmte Leute, die einen gravierenden Einfluss auf die Welt ausgeübt haben oder noch ausüben, sondern für *jeden* Menschen. Dadurch, dass der Einzelne durch eine spezifische Zeugungssituation so und nicht anders geprägt wurde, wählt er unbewusst seine Partner, seine Schulkameraden, seine Freunde, seine Wohnungen, seine Arbeitsplätze, seine Arbeitskollegen, seine Sportarten, seine Hobbys und Freizeitbeschäftigungen, die er zur Ausformung seines Skriptes braucht. Damit beeinflusst er im Laufe seines Lebens auf verschiedene Weise unzählige andere Menschen. Und er zeugt vielleicht mit einem spezifischen Partner ein Kind, das wiederum in seinem Leben eine Vielzahl von Menschen beeinflusst. Dieses Kind hätte aber niemals das Licht der Welt erblickt, wenn er nicht damals gerade zu diesem Zeitpunkt gezeugt worden wäre und aufgrund dieser Prägung gerade diese Partnerin angezogen hätte, mit der gerade dieses Kind möglich wurde. Hier wird deutlich: Jeder von uns hat nahezu unbegrenzte Möglichkeiten, sein Leben und damit die ganze Welt zu verändern!

Zwei- und eineiige Zwillinge

Zweieiige Zwillinge entstehen aus völlig getrennten Anlagen, und zwar immer aus zwei befruchteten Eizellen. Zweieiige Zwillinge können gleich- oder verschiedengeschlechtlich sein. Sie sehen einander nicht ähnlicher als zwei normale Geschwister.

Zweieiige Zwillinge kommen etwa sechsmal häufiger vor als eineiige. Letztere entstehen dadurch, dass eine befruchtete Eizelle sich durch Teilung zu zwei getrennten Individuen entwickelt. Übergänge zu den so genannten siamesischen Zwillingen zeigen, dass es sich eigentlich um eine Doppelbildung handelt. Aus diesem Grunde führen die völlig gleichen Erbanlagen immer zu gleichgeschlechtlichen Kindern, die einander zum Verwechseln ähnlich sind.

Eineiige Zwillinge verbindet der identische Zeitpunkt der Befruchtung des Eies, dem sie entstammen. Es gibt unzählige Fallstudien in der Zwillingsforschung, die zeigen, dass das Schicksal eineiiger Zwillinge sehr ähnlich verläuft. Selbst wenn diese kurz nach ihrer Geburt in getrennten Haushalten aufgewachsen sind, gibt es in deren Lebensläufen oft erstaunliche Gemeinsamkeiten und Parallelen hinsichtlich Heirat, Partnerwahl, Zahl der Kinder und so weiter.

Bei zweieiigen Zwillingen ist es gewöhnlich nicht so einfach zu erkennen, dass bestimmten Schicksalsereignissen dieselbe Thematik zugrunde liegt. Der Grund dafür ist, dass in den bisherigen Forschungsstudien die Lehre von der Bedeutung der Symbole nicht berücksichtigt wurde.

Mit anderen Worten: Der Zwillingsbruder bzw. die Zwillingsschwester lebt gleichsam dasselbe Theaterstück auf einer anderen Symbolebene. Wenn ein männlicher Zwilling etwa Vogelzüchter und dessen Zwillingsbruder Flugzeug-

(= »künstlicher Vogel«)ingenieur wird, ein weiblicher Zwilling etwa Hebamme und dessen Zwillingsschwester Innenarchitektin (Wohnung = Materialisation der Gebärmutter). Oder wenn im Falle eines Zwillingspärchens, also verschiedengeschlechtlicher Zwillinge, das Mädchen später den Beruf der Psychoanalytikerin (»Reinigerin« der Seele) ausübt und der Junge seinen Lebensunterhalt als Leiter einer Putzkolonne verdient. Ganz abgesehen davon, dass der eine Zwilling primär das Skript seiner Eltern übernehmen, während der andere das Antiskript dazu entwickeln kann.

Manchmal ist es aber auch ganz anders. Der eine Zwilling aktiviert andere Anlagen oder lässt andere Talente in die Dominanz streben als sein Bruder oder seine Schwester. So wie jeder Mensch gewöhnlich für mehr als einen Beruf geeignet wäre, sich aber schließlich nur für eine Laufbahn entscheidet, so versucht ein Zwilling, nicht zuletzt um sich vom anderen zu unterscheiden, eine gegensätzliche Richtung einzuschlagen. Das bedeutet: Der andere Zwilling, der ja aus derselben Zeugungssituation entstand, hat dieselbe Anlage in seinem Repertoire, aber lässt diese im inaktiven Zustand, eben, weil er sich für etwas anderes entschieden hat.

Bei Zwillingspärchen kommt zu all dem noch dazu, dass dieselbe psychische Struktur geschlechtsspezifisch ausgelebt wird und aufgrund dessen die Ähnlichkeit kaum mehr erkennbar ist.

Ferner wurde festgestellt, dass sich Zwillinge meist besser verstehen als Geschwister, dic keine Zwillinge sind. Dies ist nicht verwunderlich, wenn man bedenkt, dass sie ja aus derselben Zeugungssituation resultieren und insofern ihnen die Probleme und Themen des jeweils anderen bestens bekannt und vertraut sind.

Im Gegensatz dazu streiten »normale« Geschwister in der Regel erheblich öfter miteinander. Das liegt in erster Linie daran, dass sie sich aufgrund ihrer unterschiedlichen Zeugungssituationen – immerhin befanden sich ihre Eltern in einer ganz anderen biografischen Situation – vom Wesen her eher fremd sind. Das Unbewusste von Vater und Mutter hat aber im Falle einer Zwillingsgeburt noch eine andere Intention: Die zu diesem Zeitpunkt vorliegenden Themen und Probleme werden auf zwei Kinder aufgeteilt, um dadurch die Chancen zu deren erfolgreicher Bearbeitung und Lösung zu erhöhen.

Künstliche Befruchtung

Als die Technik der In-vitro-Fertilisation (Abkürzung: IVF; wörtlich übersetzt: Befruchtung im Glase) vor rund zwanzig Jahren entwickelt wurde, sprachen viele von Teufelswerk. 1981 wurde erstmals in Deutschland und zwar in Erlangen in einer Petrischale eine Eizelle und ein Spermium zu dem verschmolzen, was später als Oliver Wimmelbacher zur Welt kommen sollte. Nicht nur der konservative Teil der Bevölkerung hatte daraufhin den Eindruck, als hätten die Ärzte damit dem lieben Gott in dessen ureigenes Handwerk gepfuscht: Schließlich war der Schöpfungsakt selbst von Bioingenieuren ins Visier genommen worden.

War damit der Gipfel des Machbarkeitswahns erreicht? Hatte man nun endgültig den Keim gelegt zu einem künftigen Geschlecht von Frankensteins? Würde bald das Designerbaby Wirklichkeit?

Über zwei Jahrzehnte sind seither verstrichen; all die bestürzten Fragen sind weitgehend verstummt; vergessen ist die Empörung über das erste deutsche Retortenbaby. Mittlerweile wird die künstliche Befruchtung zwar nicht als natürliche aber doch als normale Form menschlicher Fortpflanzung angesehen. An die einhunderttausend im Labor gezeugten Kinder wachsen bereits in Deutschland heran. Jedes achtzigste Baby, das in Deutschland auf die Welt kommt, verdankt seine Existenz den Virtuosen der Pipette.

Das Retortenkind als »Ultima ratio« für wenige, sonst hoffnungslose Fälle – so lautete die große Fehleinschätzung in den Anfangsjahren. Inzwischen nehmen vor allem jene Paare, die sich erst spät für ein Kind entscheiden, wie selbstverständlich die Hilfe der Reproduktionsmediziner in Anspruch. Die große Frage, die sich hier stellt, ist: »Wie wirkt sich eine In-vitro-Fertilisation auf das Leben des betreffenden Kindes aus?«

Die seelisch-geistige Prägung des Eies und des Spermiums ist genauso erfolgt wie bei einem auf »normale« Weise gezeugten Kind. Der Unterschied liegt nur darin, dass ein für eine Zeugung ungewöhnlicher Ort, nämlich das Labor, aufgesucht werden musste und die Befruchtung als solche durch Dritte, nämlich durch das Laborpersonal, vorgenommen wurde. Da alle dadurch entstandenen Menschen heute noch nicht älter als einundzwanzig Jahre sind, liegen noch wenig Erfahrungswerte über die seelisch-geistigen Auswirkungen dieser spezifischen Zeugungsart vor. Aufgrund der bisher aufgezeigten Gesetzmäßigkeiten ist jedoch anzunehmen, dass Retortenbabys später als Erwachsene verstärkt in medizinische Berufe (z.B. Arzt, Krankenschwester, Apotheker, medizinisch-technische Assistentin, Laborant etc.) oder in Berufe drängen werden, wo etwas protokolliert werden muss (über die Zeugung der Retortenbabys wird immer ein genaues Protokoll erstellt) oder aber, wo es darum geht, etwas aufzudecken oder zu erforschen. Es ist damit zu rechnen, dass diese Kinder – bewusst oder unbewusst – den Wunsch verspüren, ihre Entstehung zu ergründen. Es ist deshalb naheliegend, dass sie mit Berufen wie Privatdetektiv und Kriminalkommissar liebäugeln oder sie dort tätig werden, wo etwas zusammengefügt werden muss, wo eine Komposition entsteht (zum Beispiel Designer etc.) oder wo es zu einer Synthese kommt. Es kann natürlich auch sein, dass manche dieser Kinder ein Antiskript ausbilden und ein besonders starkes Interesse für die Natur und deren Abläufe (Gegenpol zur Künstlichkeit) entwickeln.

Noch etwas: Es liegt in der Natur der Sache, dass Retortenbabys stets gewünscht sind, daher werden sie im Durchschnitt mehr geliebt als natürlich gezeugte Kinder. Der Umstand, dass es sich bei ihren Eltern meist um ältere Menschen handelt, muss nicht unbedingt von Nachteil sein: Ältere Eltern können vielleicht nicht mehr mit ihren Kindern so herumtoben, dafür verfügen sie in der Regel über mehr Lebenserfahrung.

»Die Mutter, das ist die erste Welt,
in der das Kind zu Hause ist.«
(Lothar Schreyer)

Die Prägung durch die Mutter

Die biografische Situation, in der sich die Mutter vor, während und kurz nach der Zeugung befindet, ist unter anderem entscheidend für das spätere Leben des Kindes. Das Kind trägt all die Schwierigkeiten, Konflikte, Spannungen, Verdrängungen, Wünsche und Träume der Mutter mit seinem Schicksal aus. Diese werden zu Themen des Kindes, mit denen es sich herumschlagen bzw. auseinander setzen muss und die es schließlich auch zu lösen und zu erlösen hat. Besonders gravierend wirken sich die auf Seite 26ff. aufgeführten Schwangerschaftsmotivationen aus. So manche Mutter, die damals bestimmte Probleme und Konflikte nicht aktiv angehen und konstruktiv bewältigen konnte, sah keinen anderen Weg, als unbewusst in eine Schwangerschaft zu »flüchten«. Hat eine Frau zum Beispiel mit ihren Eltern Streit, so könnte ihr Unbewusstes sagen: »Wenn wir ein Kind bekommen, werden meine Eltern vielleicht einlenken und sich mit mir aussöhnen.« Man braucht hier nicht mit der Gabe der Clairvoyance ausgestattet zu sein, um zu erkennen, dass die Themen Vermittlung, Harmonie und Schaffen von Frieden für das betreffende Kind von eminenter Bedeutung sein werden. Da seine Mutter es nicht geschafft hat, die Harmonie und den Frieden wiederherzustellen, muss diese Aufgabe nun ihr Kind übernehmen. Dies kann so weit gehen, dass die Anlage zur Vermittlung später sogar beruflich zum Tragen kommt, etwa in Form eines Berufes, in dem der oder die Betreffende als Diplomat oder Schlichter tätig wird.

Hatte die Mutter während der Zeit um einen Zeugungsakt herum mit dem Gedanken gespielt auszuwandern und diesen Wunsch verdrängt, kann es sein, dass das Kind in dem Zeitraum emigriert, in dem der betreffende innerseelische Strukturanteil bewusst werden will. Wenn die Mutter eines Kindes nur wegen Sitte und Moral bei ihrem Mann bleibt und ihre notwendige Trennung verdrängt, so wird das Kind unter Umständen diese Verdrängung ans Licht bringen, indem es sich später von seinem Partner scheiden lässt. In all diesen Fällen hat die Mutter den Eindruck, dass ihre Kinder ihr »Sorgen« bereiten, doch im Grunde genommen sind diese nur die verdrängten Inhalte der Mutter, die aufgrund ihrer Denkhaltung und ihres alten Überichs dieses Problem nicht selbst lösen konnte und es somit nun als »Bild« an ihren Kindern erlebt. Jede Verdrängung, jede Lüge, jeder Schein kommt eines Tages ans Licht und wenn sich der Entlarvungsprozess über Generationen erstreckt.

Halten wir also fest: Ein Ausschnitt aus der Biografie der Mutter wird später zum schicksalsbestimmenden Thema des Kindes. Dabei stellt sich die Frage, ob das Kind tatsächlich das Thema konstruktiv bewältigt oder ob es – ähnlich einer Schallplatte mit Sprung, die immer dasselbe Melodiefragment spielt – in dem Thema gefangen bleibt.

Hierzu der Fall von Günther T.: Petra T. war bei ihrem Freund Ottfried U. angestellt, der Inhaber eines großen Gestüts war. Anfangs machte Petra der Umgang mit Pferden große Freude, doch im Laufe der Zeit empfand sie diesen als große Belastung, zumal sie die körperlichen Voraussetzungen für eine solch schwere Arbeit nicht mitbrachte. Auf ihre Bitte, sie doch aus diesem Grund mehr mit Büroarbeiten zu betrauen, reagierte ihr Freund und Arbeitgeber unwirsch. Zwei Tage nach dieser Unterredung schliefen die beiden miteinander und obwohl rein rechnerisch nichts hätte »passieren« dürfen, wurde Petra schwanger. Ihr Unbewusstes sagte sich: »Wenn wir schwanger werden, dann stehen wir unter

Mutterschutz und brauchen nicht mehr so schwer zu arbeiten.«

Doch Ottfried, ihr Arbeitgeber, scherte sich nicht um den Mutterschutz und verlangte weiter die volle Leistung von ihr. Daraufhin trennte sich Petra unter fürchterlichen Streitereien von ihm und zog in eine entfernte Stadt.

Ihr Kind Günther übernahm bereits im Alter von elf Jahren alle im Haushalt anfallenden Arbeiten. Er »schützte« seine Mutter regelrecht vor der Arbeit. Später spezialisierte er sich als Anwalt auf das Gebiet Arbeitsrecht. Seine heutige Ehefrau hat ein schönes Leben. Obwohl sie nicht berufstätig ist, erledigt Günther – so wie er es gewohnt war – ohne zu murren neben seiner beruflichen Tätigkeit sämtliche Hausarbeiten.

»Das ganze Leben ist ein Versuch.
Je mehr Versuche du durchführst, desto besser.«
(Ralph Waldo Emerson)

Das Skript – der unbewusste Lebensplan, der das ganze Leben bestimmt

Ein Skript ist ein Lebensplan, der im Zeugungsakt seinen Ursprung hat und im Laufe des Lebens immer wieder bestätigt und verstärkt wird. Der Einzelne versucht, sein Skript durch Empfindungen, Gefühle, Glaubenshaltungen, Ideologien, Weltanschauungen, Normen, Statistiken und Informationen zu stützen.

In Bezug auf ihr Skript ist bei den meisten Menschen »Schluss mit lustig«. Um ihr Skript zu schützen, greifen sie bewusst oder unbewusst sogar Fehlinformationen auf oder ignorieren entscheidende Informationen, frisieren Statistiken, interpretieren Ereignisse und Situationen falsch oder versperren sich der Wirklichkeit. Um ihr Skript in Bezug auf Männer aufrechterhalten zu können, hatte Tatjana, eine attraktive 38-jährige Sekretärin, spezifische Glaubenshaltungen entwickelt wie »Es gibt heute keine tollen Männer mehr«, »Männer haben Angst vor einer starken Frau wie ich eine bin« oder »Männer wagen sich an attraktive Frauen nicht heran«. Damit will sie sagen: Die Männer von heute sind ohne Format, unintelligent, weicher als früher und haben keinen Mut. Genau so sah sie auch ihren Vater. Im Innersten aber wünschte sich Tatjana einen Mann, mit dem sie schöne Gespräche führen, eine erfüllende Sexualität erleben, Sport treiben sowie traumhafte Urlaubsaufenthalte genießen kann. Da sie aber – wie ihre Mutter – den »kleinen Jungen«, der in jedem Mann mehr oder weniger wohnt, nicht anzusprechen wusste, sondern diesen Persönlichkeitsanteil als Schwäche ansah, tat sie sich schwer, eine dauerhafte Beziehung zustande zu bringen. Erst als sie ihre Abwehr aufgab, wurde ihr klar, dass sie etwas Unmenschliches von den Männern verlangte, nämlich, dass diese zu jeder Tages- und Nachtzeit Stärke zeigen sollten und ferner, dass sie den Männern seelische Wärme und Liebe schenken muss, um auch ihrerseits all das zu erhalten, was sie sich erträumte.

»Eltern verzeihen ihren Kindern die Fehler am schwersten, die sie ihnen anerzogen haben.«
(Marie von Ebner-Eschenbach)

Die Zeugungssituation als Ursache für die Nichterfüllung von elterlichen Erwartungshaltungen

Die Zeugungssituation ist der entscheidende Faktor für die Prägung und die dadurch bedingte seelische und geistige Eigenart eines Kindes. Demzufolge ist der Einfluss der Erziehung auf ein Kind viel geringer als vielfach angenommen wird.

Die seelisch-geistige Prägung, die durch die Zeit vor, während und kurz nach dem Zeugungsakt erfolgt, ist so stark, dass keine Erziehungsmaßnahme imstande ist, sie dauerhaft zu unterdrücken. So wie es nicht möglich ist, aus einem Birnbaum einen Apfelbaum oder eine Eiche werden zu lassen, so kann auch ein Kind nur so werden, wie es angelegt ist.

Diese Erkenntnis bereitet vielen Müttern und Vätern große Schwierigkeiten. Sie können und wollen oft nicht die einfache Tatsache akzeptieren, dass ihr Kind, obwohl durch sie entstanden, ein völlig anderer Mensch ist, ein Mensch mit einer ganz anderen Eigenart, mit individuellen Vorlieben, Interessen, Hobbys und Ticks. Immer wieder ist die Tendenz zu beobachten, dass Eltern sich über ihre Kinder reproduzieren wollen. Sie finden sich selbst ganz großartig und glauben daher, nur wenn ihr Kind genau so wird wie sie, würde es ein guter Mensch mit großen Chancen im Leben werden.

Meist haben Vater und Mutter ganz bestimmte Erwartungshaltungen an das Kind. Das beginnt schon mit der Erwartung, ob es ein Junge oder ein Mädchen werden soll. Ist zum Beispiel ein Mädchen als Junge erwartet worden, kann es sein, dass es schon allein dadurch einen maskulinen »Touch« bekommt und womöglich bereits im Kindesalter versucht, durch ein besonders burschikoses Verhalten das vermeintliche Manko wettzumachen und so dennoch Liebe und Anerkennung der Eltern zu erhalten. In vielen Fällen weisen die als Junge erwarteten Mädchen später einen überdurchschnittlichen Testosteronspiegel auf, was zur Folge hat, dass als Partner Jungen auftauchen, die als Mädchen erwartet wurden und bei denen daher der Östrogengehalt ihres Blutes über dem Durchschnitt liegt. Insofern wird bereits durch den relativ kleinen Umstand der Geschlechtserwartung die spätere Partnerwahl bestimmt. Und nicht nur die, auch die Wahl des Berufes und die berufliche Laufbahn schlechthin, da ein Hormonspiegel, der »aus der Reihe tanzt«, natürlich auch zu Berufen disponiert, die der traditionellen Rollenverteilung der Geschlechter nicht entsprechen (bei Frauen: Unternehmerin, Immobilienmaklerin, Geschäftsführerin, Politikerin etc.; bei Männern: Künstler, Musiker, Kellner, Modedesigner etc.).

Die Crux liegt in all diesen Fällen auch darin, dass ein solches Kind von Vater oder Mutter – oft sogar von beiden – abgelehnt wird, weil es den üblichen Vorstellungen, wie ein »richtiger« Junge oder ein »richtiges« Mädchen zu sein hat, nicht entspricht.

Unter einem »richtigen« Jungen verstehen die Eltern im Allgemeinen jemand, der durchsetzungsstark, ehrgeizig und unternehmerisch ist. Er soll Erfinder, Arzt, Rechtsanwalt oder eine Sportskanone werden. Ein »richtiges« Mädchen soll hübsch und adrett aussehen, soll Filmschauspielerin, Tänzerin, Fotomodell, »Eisprinzessin« oder Tierärztin werden, soll anständig und schamhaft sein und später eine gute Partie machen.

Erfüllt das Kind solche Erwartungshaltungen, erwirkt es bei den Eltern Liebe, Freude, Glück, Güte, Wohlwollen, Förderung und Stolz. Wenn nicht, löst es bei den Eltern häufig Missbilligung, Entwertung, Strafe, Aggression, Wut, Traurigkeit und Enttäuschung aus – in Extremfällen Ausgrenzung und Enterbung.

So kommt es, dass in einigen Familien – obwohl immer vorgegeben wird, man würde jedes Kind gleich gern haben – ein Kind abgöttisch geliebt wird, während ein anderes in der Familie einen schweren Stand hat.

Hierzu folgender Fall: Das Ehepaar Heinz (Ingenieur) und Elfriede P. (Hausfrau) hatte zwei Söhne. Der Erstgeborene (Richard) konnte die Erwartungen, die sein Vater und seine Mutter in ihn gesetzt hatten, nicht erfüllen. Er hätte in die Fußstapfen seines Vaters treten sollen, hatte aber zum Leidwesen seiner Eltern eher künstlerische Ambitionen. Deshalb wurde er ständig »niedergemacht«, als Taugenichts hingestellt oder der Lächerlichkeit preisgegeben.

Ihr anderer Sohn Otto zeigte hingegen schon als Kind zur Freude seiner Eltern großes Interesse an technischen Abläufen und brachte auch die hierfür notwendige Begabung mit. Als er schließlich die Technische Hochschule als Diplom-Ingenieur verließ, war ihm gelungen, was seinem Vater versagt geblieben war: ein Hochschulabschluss.

Da Otto damit der Projektion seines Vaters voll entsprach, wurde er als Alleinerbe eingesetzt, während der unliebsame Richard, aus dem nichts »Rechtes« geworden ist, enterbt wurde.

Auch die folgenden drei Beispiele belegen, dass die entscheidende Ursache dafür, ob ein Kind die Erwartungshaltungen seiner Eltern erfüllt oder nicht, in der jeweiligen Zeugungssituation zu finden ist.

Theresia L. wünschte sich sehnlichst ein Kind. Ihre unbewusste Motivation war, sich dadurch aus dem ungeliebten Berufsleben zurückziehen zu können. Als sie schwanger wurde und schließlich einen gesunden Sohn gebar, hatte sie ihr Ziel erreicht. Von Anfang an hegte sie große Erwartungen an ihren Sohn, den sie Charly nannte. Er sollte ehrgeizig und tüchtig sein, aufs Gymnasium gehen und später einmal Karriere machen. Doch als ihr Sohn erwachsen wurde, schloss er sich der Hippiebewegung an und ging nach San Francisco/ USA. Bis heute ist Charly noch nie einer geregelten Arbeit nachgegangen.

Ludwig und Beate K. mussten ihre bisherige Wohnung verlassen, weil der Vermieter Eigenbedarf angemeldet hatte. Für sechs Monate wurden sie in einem »Stundenhotel« einquartiert. Dort entstand ihre Tochter Gerlinde, von der sie ein rechtschaffenes Leben als Frau erwarteten. Das hieß für sie: Ausbildung als Verkäuferin oder Friseuse, Eheschließung mit einem anständigen, arbeitsamen Mann, zwei Kinder und eventuell ein Haus mit Garten. Doch Gerlinde hatte in den Augen ihrer Eltern einen maßlosen »Verschleiß« an Männern. Fast alle blieben nur stundenweise bei ihr (sie wurde ja in einem Stundenhotel gezeugt) und verschwanden dann oft, ohne sich jemals wieder zu melden. Gerlinde brachte in zwanzig Jahren keine einzige feste Bindung zustande. Dies schmerzte ihre Eltern sehr, zumal sie ständig von Verwandten oder Nachbarn gefragt wurden, ob denn immer noch nicht abzusehen sei, ob und wann ihre Tochter »unter die Haube« käme.

Robert M. sollte später einmal die ärztliche Praxis seines Vaters übernehmen, doch da er in einer Situation gezeugt wurde, in der seine Eltern große Rechtsstreitigkeiten durchstehen mussten, studierte er trotz massiver elterlicher Proteste Rechtswissenschaften und wurde ein erfolgreicher Anwalt. Für diesen Beruf brachte er optimale Anlagen mit, während er für den Beruf des Arztes völlig untalentiert war und außerdem medizinischen Themen nur wenig Interesse entgegenbrachte.

All diese Kinder machen ihren Eltern Probleme, doch deren Probleme bedeuten eigentlich nichts anderes, als dass die Eltern mit der Prägung, die sie selbst (unbewusst) beim Kind vorgenommen haben, nicht einverstanden sind.

So gibt es Eltern, die ihr Kind in einer Situation gezeugt haben, in der Ängste und Unsicherheiten vorherrschten und die sich darüber wundern oder gar aufregen, wenn es überaus ängstlich ist und es deswegen womöglich verspotten und hänseln. Ferner kann es vorkommen, dass Eltern via Zeugungssituation eine Norm durchbrechen, das betreffende Kind aber in eine Norm pressen wollen.

Sagen wir es noch direkter: Viele Eltern zeugen ihr Kind in einer bestimmten Situation und wollen oder können das daraus resultierende »Produkt« nicht verstehen. Sie kommen mit den entsprechenden Eigenarten, Wesensmerkmalen und Verhaltensweisen des Kindes nicht zurecht, insbesondere oft deshalb nicht, weil dadurch ihr eigenes Weltbild infrage gestellt wird oder eigene Verdrängungen auf eine unangenehme Weise ins Bewusstsein treten. Ist ein Kind nicht so geraten, wie dessen Eltern es sich vorgestellt haben, suchen diese manchmal Zuflucht in der Ahnenforschung. Sie sind oft der festen Ansicht, dass die unerwünschten Wesensmerkmale genetisch bedingt sind und forschen nicht selten in der Familiengeschichte nach, ob da nicht irgendein Uropa oder eine Ur-Uroma ein ähnliches Verhalten an den Tag gelegt hat. Doch es liegt nicht an den Genen, dass das Kind das elterliche Geschäft nicht übernehmen will oder an einer bestimmten Sportart kein Interesse zeigt, sondern an der Zeugungssituation, die das Wesen eines Menschen entscheidend prägt.

Wenn die Zeugungssituation eine so große Bedeutung hat, liegt es nahe, sich zu fragen, ob man das Schicksal »überlisten« kann, ob sich also bewusst eine Zeugungssituation inszenieren ließe, von der zu erwarten ist, dass das entsprechende Kind dann tatsächlich wie gewünscht Geschäftsnachfolger, Musiker, Filmschauspieler(in) oder Tennisstar wird. Leider lässt sich das Unbewusste nicht täuschen. Es kann sehr wohl unterscheiden, ob eine Situation echt oder nur gespielt ist. Wenn sie nur gespielt ist, sind Täuschung, Lüge und Schein der Prägung immanent.

Ähnlich verhält es sich auch, wenn jemand mit seinem Partner bewusst an einen paradiesischen Platz fährt, um dort ein Kind zu zeugen mit der Intention, diesem Kind dadurch ein paradiesisches Leben zu ermöglichen. Auch in diesem Fall nehmen die Eltern ihre Probleme, Konflikte und Defizite dorthin mit. Eine solch bewusste Manipulation wird später mit großer Wahrscheinlichkeit zum Lebensthema des Kindes.

Fazit: Eltern können sich nur dann ein realistisches Bild von den Stärken und Schwächen, von der seelischen Eigenart sowie von der Persönlichkeit ihres Kindes machen, wenn sie die Fähigkeit erlernt haben, aus subjektiven Bezügen herauszutreten. Andernfalls werden sie nie wissen, wer ihr Kind wirklich ist und wer es sein könnte, sie werden den Menschen, der tagtäglich mit ihnen lebt und bei ihnen wohnt, nie richtig kennen lernen. Sie leben dann mit einem Trugbild zusammen, mit einem Phantom, das mit der Realität oft nicht das Geringste zu tun hat.

Für Eltern ist es also relevant zu erkennen, wie ihr Kind durch die Zeugungssituation geprägt wurde, welche psychische Struktur damit verbunden ist und welche Anlagen und Fähigkeiten bei ihm vorliegen. Denn es kann nur das gefördert werden, was als Anlage tatsächlich da ist, nicht das, von dem man sich – aus welchen Gründen auch immer – wünscht, dass es vorhanden wäre.

Alle Versuche, einem Kind »Flausen« und »Macken« auszutreiben, die aus der entsprechenden Zeugungssituation resultieren oder es in eine Richtung zu drängen, wofür es nicht prädestiniert ist, haben keine Aussicht auf Erfolg. Erziehung ist nur dann realitätsgerecht, wenn das betreffende Kind in seinem Sosein erkannt, belassen, unterstützt und gefördert wird. Auf diese Weise können sich Eltern Jahre des Bangens und Hoffens, des Ärgers und des Kampfes ersparen, sodass ihnen mehr Zeit für die schönen Dinge des Lebens übrig bleibt.

*»Erziehung ist Politur.
Sie verschönert von außen,
ändert aber das Material nicht.«*
(Straten-Sternberg)

Die Inkarnation einer heimlichen und schnellen Befreiung

Roswitha L. beschäftigte seit Monaten nur ein Gedanke: Wie schaffe ich es, mich von Jakob (ihr langjähriger Freund, der das benachbarte Appartement bewohnte) zu trennen? An einem heißen Sommertag (es war der heißeste Tag des Jahres) lag sie mit Jakob auf der Terrasse. Plötzlich konnten beide die Hitze nicht mehr ertragen und flüchteten fast panikartig ins hinterste, durch Rollos abgedunkelte Zimmer, wo es etwas kühler war. Dort kam es schließlich zum Geschlechtsverkehr, während dessen Roswitha L. heimlich an die Trennung von Jakob dachte. Neun Monate später kam der kleine Robert zur Welt. Kurze Zeit danach zog Roswitha L. zusammen mit Robert – wieder am heißesten Tag des Jahres – heimlich und schnell in eine dunkle Dachgeschosswohnung um, mit der Intention, damit Jakob ein für allemal loszuwerden. Ihre neue Behausung schützte sie durch ein besonders robustes Sicherheitsschloss. Robert ist heute neun Jahre alt und zeigt folgende Charakteristika, die eindeutig auf die Zeugungssituation zurückzuführen sind: Robert beschäftigt sich in seiner Freizeit fast ausschließlich mit zu seiner Prägung passenden Spielzeugen, zum Beispiel mit Tarnkappenflugzeugen, die heimlich und schnell fliegen können oder Ufos, die sich – so seine Phantasie – fast unsichtbar mit Lichtgeschwindigkeit bewegen und auf Knopfdruck von der Erdenschwere befreien können. Besondere Freude hat er an Science-Fiction-Filmen, in denen Zeitmaschinen vorkommen, mit deren Hilfe man blitzartig in eine andere Zeitepoche »abtauchen« kann.

Weiter fallen bei ihm folgende Verhaltensweisen auf: Robert will es in seinem Zimmer immer dunkel und kühl haben. Er bewohnt heute das hinterste und dunkelste Zimmer im Haus. Doch dort ist es ihm noch nicht finster genug, ständig verdunkelt er sein Zimmer noch zusätzlich durch Rollos. Außerdem ist es ihm stets zu heiß und er muss – so seine Aussage – dermaßen schwitzen, dass er sich gewöhnlich mit nacktem Oberkörper in seinem Zimmer aufhält. Hinzu kommt, dass Robert seine Zimmertüre häufig abschließt, um seine Ruhe zu haben und ungestört spielen zu können.

»Was also einer ist,
das hat die Gesellschaft aus ihm gemacht.«
(August Bebel)

Die Prägung durch das Milieu

Um zu erkennen, welch entscheidende Rolle das Milieu spielt, in dem man gezeugt wurde, ist es erforderlich, einen kleinen Ausflug in die Soziologie zu unternehmen.

Jede Gesellschaft lässt sich nach sozialen Kriterien gliedern. Jedes System von Gesellschaftsaufbau beinhaltet demnach ein Ungleichgewicht, das heißt, es gibt Über- und Unterordnungen für die einzelnen Mitglieder in ihren jeweiligen Positionen. Neben der tatsächlich anzutreffenden Ungleichheit haben Soziologen untersucht, welche Vorstellungen über die soziale Gliederung der Gesellschaft in ihrer Gesamtheit existieren. Danach kann man von zwei verschiedenen Modellen ausgehen. Die unteren Gesellschaftsgruppen sehen den Aufbau der Bevölkerung »dichotomisch«, das heißt, sie gehen von zwei entgegengesetzten Blöcken aus. Der eine Block besteht aus einer kleinen Gruppe von Menschen, welche an Macht, Reichtum und Ansehen überlegen sind. Zum anderen gibt es die große Gruppe der »Unterlegenen«, die von der ersteren abhängig ist. Sie ist in ihrer Masse namenlos, besitzt keine Macht und wenig Ansehen. Das zweite, »hierarchische« Modell wird hauptsächlich von dem mittleren Teil der Bevölkerung vertreten. Dabei sieht man die Gesellschaft nicht zweigeteilt, sondern fasst sie als eine Einheit auf. Es gibt zwar eine soziale Rangordnung, die aber im Gegensatz zum ersten Modell eine Durchlässigkeit zwischen den einzelnen Gruppen aufweist. Während Menschen mit einer dichotomischen Sicht oft von einem unveränderbaren

»Die da oben – wir hier unten« sprechen, glauben diejenigen, die einer hierarchischen Betrachtungsweise den Vorzug geben, jederzeit durch Leistung aufsteigen zu können.

Eine Möglichkeit, die Sozialstruktur der Gesellschaft darzustellen, ist die Einteilung der Bevölkerung in Schichten:

untere Unterschicht mittlere Unterschicht obere Unterschicht	Unterschicht
untere Mittelschicht mittlere Mittelschicht obere Mittelschicht	Mittelschicht
untere Oberschicht mittlere Oberschicht obere Oberschicht	Oberschicht

Die soziale Schichtung hat immer etwas mit dem sozialen Status des Einzelnen zu tun. Der soziale Status gibt die Position an, in der das Individuum innerhalb des »Prestigeaufbaus« der Gesellschaft steht. Die für das soziale Ansehen ausschlaggebenden Merkmale nennt man Schichtungskriterien. Als solche kommen unter anderem infrage: Herkunft, Wohnverhältnisse, Besitz, Leistung, Beruf, Einkommen, Bildung, wobei die letzten drei Merkmale als die entscheidenden angesehen werden. Bedenkt man aber, dass der Beruf weitgehend vom erreichten Bildungstand abhängt und dass die berufliche Tätigkeit das Einkommen bestimmt, wird klar, warum schließlich der Beruf zum wichtigsten Merkmal für die Schichtzuweisung geworden ist. Die Einschätzung, welches Ansehen ein bestimmter Beruf genießt, erweist sich am oberen und unteren Ende der Berufsskala am einfachsten, während in der Mitte eine Zuordnung wegen der häufigen Überschneidungen am schwierigsten ist.

Die Unterschiede in Bezug auf Sozialprestige mögen bei den einzelnen Berufen und Berufsgruppen enorm sein, dennoch zieht sich ein roter Faden durch fast alle Bevölkerungsschichten: das alte Überich, also die Maßstäbe, Normen und Ideale von Moral und Konvention.

Besonders gravierend kommen die Tabuisierungen von menschlichen Anlagen, Bedürfnissen und Bestrebungen in der Unterschicht zum Tragen. Hier wird besonders deutlich, wie die Schichtzugehörigkeit das Schicksal des Einzelnen mitbestimmt.

»Non vivunt, sed victuri sunt. Omnia differunt.«
»Sie leben nicht, sie wollen nur leben –
alles schieben sie auf.«
(Seneca)

Tabuisierungen in der Unterschicht

Lebensprinzip 1:
Initiative; Durchsetzung; Triebe; sportliche Aktivitäten

Durchsetzung gilt als böse.
Das Ausleben der sexuellen Triebe wird verboten.
Man darf nur schichtspezifische Sportarten ausüben.

Lebensprinzip 2:
Reviertrieb; Abgrenzung; Genuss; materielle und finanzielle Sicherheit

Abgrenzung gegenüber anderen wird nicht erlaubt und mit Ausgrenzung aus der »Horde« geahndet.
Nein sagen darf man nicht.
Geld darf nur auf dem Sparbuch angelegt werden.
Mehr Besitz oder Geld zu haben als der Prototyp dieser Schicht ist meist mit Verstoßung aus der Gemeinschaft verbunden.
Soziologie wird tabuisiert.

Lebensprinzip 3:
Informationsaufnahme und -abgabe; Kommunikationsfähigkeit

Man darf in diesem Milieu nichts lesen (tut man es trotzdem,

gilt man als Taugenichts, Eigenbrötler oder Spinner, vielfach wird man mit den Worten gemaßregelt: »Hast du nicht Besseres zu tun? Viele Arbeiten warten auf dich!«)
Man darf sich nur aus TV-Nachrichtensendungen oder aus der Tageszeitung informieren. Weitere Informationsquellen werden nicht zugelassen, denn das würde das ganze Gefüge der Schicht durcheinander bringen.
Andere Informationen könnten die Angehörigen der Schicht beunruhigen und ihnen Angst machen.
Außerdem herrscht in diesen Kreisen das unausgesprochene Gebot vor: Du darfst nicht über mehr Informationen verfügen als wir, weil wir dadurch unseren Nimbus, gescheit zu sein, einbüßen könnten (sonst könntest du unter Umständen unsere Informationsdefizite erkennen!).
Man darf sich nicht intellektuell ausdrücken.
Lernen außerhalb des schulischen Bereichs gilt als Blödsinn und vertane Zeit.
Ferner gilt: Man darf nur die Mundart der Schicht sprechen, sonst wird man als eingebildet und arrogant bezeichnet.

Lebensprinzip 4:
Identitätsfindung; Stimme des Lebens; Geborgenheit; Heimat; seelische Wärme; Ernährung

Man darf seine Herkunftsfamilie und seinen Heimatort nicht verlassen und muss immer mit seinen Verwandten in näherem Kontakt bleiben.
Die seelische Eigenart des Einzelnen wird torpediert.
Identitätsfindungsprozesse werden tabuisiert.
Die innere Stimme wird nicht zugelassen, vielmehr wird sie verunglimpft und verspottet.
Die Beschäftigung mit Psychologie wird als Symptom einer psychischen Krankheit betrachtet.
Ernährungsrichtungen, die von der Hausmannskost bzw. der regionalen Küche abweichen, werden abgewehrt.

Manchmal wird man auch »belehrt«, dass Krankheit und Tod drohen, wenn man seine Ernährung umstellt.
Man darf nur traditionell wohnen (zum Beispiel gemeinsames Schlafzimmer).
Ausschlafen ist nicht erlaubt.

Lebensprinzip 5:
Kreativität; schöpferische Fähigkeiten; unternehmerische Fähigkeiten; Selbstständigkeit; Sexualität; Selbstverwirklichung; pädagogische Fähigkeiten

Man darf sich nicht beruflich selbstständig machen.
Man darf keine Firma gründen oder ein Geschäft eröffnen. (Hat man dies vor, werden einem sofort Geschichten von Leuten erzählt, die dabei gescheitert sind.)
Kreativität wird lächerlich gemacht (kreative Menschen werden als Spinner abqualifiziert).
Es gilt die alte Sexualmoral.
Selbstverwirklichung wird nicht zugelassen.
Informationen über Pädagogik werden abgewehrt.
Höhere Schulbildung für die eigenen Kinder wird für überflüssig gehalten. Diese sollen ab dem 15. Lebensjahr ihr eigenes Geld verdienen und einem nicht mehr auf der Tasche liegen.

Lebensprinzip 6:
Analyse; Diagnose; Wahrnehmungsfähigkeit; Kritikfähigkeit; Zeigen der eigenen Gefühle; Anpassungsfähigkeit; Arbeit, die dem eigenen Wesen gemäß ist

Man darf nichts analysieren.
Man darf keine Ursachenforschung betreiben.
Man darf nicht nach dem Warum fragen.
Man darf seine wahren Gefühle nicht zeigen.
Man darf keine Selbstdiagnosen stellen, Eigenmedikation gilt als anmaßend.

Man muss alle anfallenden Arbeiten möglichst selbst erledigen.
Man darf kein Personal (zum Beispiel eine Putzfrau, einen Gärtner, eine Haushaltshilfe etc.) engagieren.
Man darf sich keine Mußestunden gönnen.
Man muss all das glauben, was die Autoritäten (Lehrer, Pfarrer, Arzt etc.) sagen. Kritik ist nicht erlaubt.
Normalerweise wird auch keine Selbstkritik geübt.

Lebensprinzip 7:
Partnerwahl; Werbung; Erotik; Wohlleben; eigener Geschmack; Mode; Schönheit; die Fähigkeit, Inhalt und Form in Einklang zu bringen; Kunst

Man darf seinen Lebenspartner nur aus den eigenen Reihen wählen.
Man tut so, als ob es Erotik nicht gäbe.
Künstler werden als Spinner bezeichnet.
Wer dem Wohlleben frönt, gilt als böse.
Ein Playgirl- oder Playboy-Life wird nur Filmschauspielern, Königskindern oder Adligen zugestanden.
Wer aus den eigenen Reihen dazu neigt, wird als Taugenichts beschimpft.
Eigene Gedanken werden tabuisiert.
Man darf nur sonntags oder bei besonderen Anlässen schicke oder modische Kleidung tragen.
Man darf keinen eigenen Geschmack entwickeln.
Man darf keine teuren Modeartikel kaufen, selbst dann nicht, wenn diese genau dem eigenen Geschmack entsprechen und das nötige Geld dafür vorhanden ist.

Lebensprinzip 8:
eigene Meinung; eigenes Programm; eigene Vorstellung; Wissen; eigener geistiger Besitz; Macht; eigener Weg; Beziehungsfähigkeit

Man darf keinen eigenen Weg gehen, sondern muss auf dem Trampelpfad der Herde mittrotten.
Man darf keine eigene Meinung haben.
Man darf keinen eigenen geistigen Besitz haben.
Man darf über Manipulation und Fremdbestimmung nicht nachdenken.
Ein eigenes Lebensprogramm wird nicht zugelassen.
Es wird erwartet, dass man das vorgegebene Programm erfüllt (nur dann gilt man als rechtschaffener und guter Mensch).
Wandlungsprozesse werden tabuisiert.

Lebensprinzip 9:
Sinnfindung; Weiterbildung; Philosophie; Toleranz; Reisen; Fähigkeit, sich im Ausland zurechtzufinden

Man darf sich nur zu der Religion bekennen, die von den anderen Angehörigen der Schicht ausgeübt wird.
Atheismus gilt als böse.
Man ist anderen gegenüber nur selten tolerant.
Man darf keine eigene Lebensphilosophie haben.
Man tut so, als ob es Weiterbildungsveranstaltungen nicht gäbe.
Ein Autodidakt wird nicht anerkannt.
Man darf keine Bücher kaufen (»Da kannst du gleich das Geld zum Fenster rauswerfen!«)
Man darf keine eigene Bibliothek haben.
Beschäftigung mit der Weltliteratur ist mit einem Tabu belegt.
Kosmopolitisch zu sein gilt als arrogant.
Ein Zweitwohnsitz im Ausland gilt a priori als Verlustgeschäft.
Ein längerer Auslandsaufenthalt wird so gut wie nie in Erwägung gezogen.
Konzerte, Opern und Vernissagen werden abgelehnt.

Lebensprinzip 10:
eigene Rechte; eigene Verantwortung; eigener Gesetzeskodex; Beruf als Berufung; eigene Ziele

Man darf nur einen Beruf ergreifen, der für die eigene Schicht erfassbar ist.
Man tut so, als gäbe es keine persönliche Berufung.
Eigene Ziele zu haben gilt als egoistisch oder wird gänzlich verboten.
Einen eigenen Gesetzeskodex zu haben wird mit Gesetzlosigkeit assoziiert.

Die Übernahme von Verantwortung ist angstbesetzt.
Fast alle Menschenrechte dürfen nicht wirklich in Anspruch genommen werden.
Man weiß nicht, dass es verschiedene Bewusstseinsstufen gibt. Infolgedessen ist auch der Wunsch nach Entwicklung des eigenen Bewusstseins nicht anzutreffen.

Lebensprinzip 11:
Widerstand; Auflehnung; Befreiung; Unabhängigkeit; Freiheit; Abwechslung; Freizeit; Freundschaft

Widerstand, Auflehnung und Antihaltungen gelten als böse.
Veränderungen verursachen Angst.
Ausnahmen von der Regel verunsichern.
Geschieden zu sein gilt als suspekt.
Die Beschäftigung mit progressiver Literatur gilt als böse.
Sich von alten Zwängen zu befreien wird mit Ausschließung geahndet.
Man darf seine Freizeit nur so verbringen, wie es die anderen tun.
Man darf nur Freunde aus dem eigenen Milieu haben.

Lebensprinzip 12:
Phantasie; Überkommenes in Frage stellen, Aufdecken von Hintergründen; persönliche Alternativen

Lügen und Heimlichkeiten gelten als böse.
Man darf Normen und Ideale nicht infrage stellen, anzweifeln oder gar auflösen.
Man darf Hintergründe nicht aufdecken.
Man darf Scheinwelten nicht entlarven.
Man darf keine Alternativen entwickeln.
Die ganze Alternativszene gilt als arbeitsscheu.
Die Beschäftigung mit Astrologie, Esoterik, Mystik etc. gilt als suspekt.

Die Tragik in diesem Milieu liegt darin, dass dort selbst Menschen im Alter von 60, 70 oder 80 Jahren kaum über nennenswerte Lebenserfahrung oder Weisheit verfügen. Das, was sie zu sagen und der Nachwelt zu übermitteln haben, ist meist in fünf Minuten gesagt. Da sie milieubedingt zeitlebens eine Abwehr gegenüber Sachbüchern, Weiterbildungsveranstaltungen und anderen Informationsquellen hatten, mussten sie hauptsächlich durch Versuch und Irrtum lernen. Da es ihnen nur selten möglich war, auf die Erfahrungen anderer zurückzugreifen, waren sie gezwungen, fast alles selbst zu erleben bzw. zu erleiden. Hinzu kommt, dass sie meist aufgrund von Unkenntnis der wahren Sachverhalte und Gesetze aus ihren zum Teil schmerzlichen Erfahrungen falsche Schlüsse gezogen haben und deshalb nicht davon profitieren konnten.

Kurzum: In einem einzigen Buch von Johann Wolfgang von Goethe, Arthur Schopenhauer, Hermann Hesse oder anderen Denkern steckt mehr Lebensweisheit als das, was die meisten »Alten« in diesem Milieu aufzuweisen haben.

Fazit: Wer in diesem Milieu gezeugt wurde und das vorgegebene Muster der Eltern nachvollzieht, ist sich in der Regel all dieser Lebensbeschränkungen nicht bewusst. Hingegen beginnt derjenige zu leiden, der sich aus dieser Schicht befreien, der einen Milieusprung schaffen will. In einem solchen Fall ist es für den Betreffenden gewöhnlich kontraindiziert, Angehörige seiner eigenen Schicht um Rat zu fragen.

Wie immer und überall gibt es auch hier Ausnahmen. Manche Mitglieder dieser Schicht haben sich einen gesunden Menschenverstand bewahrt, sind tolerant und aufgeschlossen und verurteilen niemanden, der sich nicht an die Tabus dieser Schicht hält.

»Man muss den schlechten Geschmack abtun, mit vielen übereinstimmen zu wollen.«
(Friedrich Nietzsche)

Die Mittelschicht

Wie sieht die Situation nun in der Mittelschicht aus?
Obwohl auch hier Moral und Konvention fast sämtliche Mitglieder dieser Schicht in ihren Bann ziehen, bestehen doch einige Unterschiede gegenüber der Unterschicht. Während in der Unterschicht, insbesondere in der oberen Unterschicht, primär Rechtschaffenheit und Fleiß im Vordergrund stehen und der Wunsch nach einem Eigenheim sehr oft vorkommt, ist ein großer Teil der Mittelschicht von dem Verlangen nach Status und Prestige beseelt. Der Prototyp des »Mittelschichtlers« will insbesondere durch gutes Benehmen, durch Befolgen der Etikette, durch ein exklusives Ambiente in der Wohnung, durch Markenkleidung, durch Anpassung an Modetrends, durch Bevorzugung all dessen, was »in« ist, sowie durch den Besuch von Bildungsveranstaltungen, beispielsweise von Konzerten, Opern, Operetten und Vernissagen Niveau und Stil dokumentieren. Er orientiert sich stets an der Oberschicht und versucht, einen ähnlichen Lebensstil wie die Reichen und Gebildeten zu entwickeln. Manchmal besteht jedoch auch eine große Diskrepanz zwischen seinen Vorstellungen über das Leben dieser Schicht und dem, was dort tatsächlich für Bestrebungen und Interessen vorhanden sind.

Viele Tabus, die in der Unterschicht vorherrschen, sind zwar auch in der Mittelschicht anzutreffen, dennoch sind bei den einzelnen Lebensprinzipien einige Verschiedenheiten zu beobachten.

Lebensprinzip 1:
Es werden meist zwar alle Sportarten zugelassen, es besteht aber die Tendenz, diejenigen Sportarten, die gerade »in« sind, verstärkt zu betreiben. Ansonsten identifiziert man sich gern mit »Winnern«, also mit Sportlern oder Sportmannschaften, die gerade zu den Top Ten gehören bzw. zumindest an oberen Tabellenplätzen rangieren.

Lebensprinzip 2:
Im Gegensatz zur Unterschicht darf man hier mehr Besitz und Geld als andere haben. Es kommt in einem solchen Falle jedenfalls *nicht* zur Ausgrenzung. Der typische Angehörige der Mittelschicht sucht gewöhnlich die Nähe der Besitzenden und Reichen auf, um an ihrem Status und Prestige zu partizipieren. Er kann dann erzählen, dass er mit dem Arzt, Anwalt oder Unternehmer Soundso befreundet ist. Auch wagt er manchmal, die Rentabilität eines konventionellen Sparbuches anzuzweifeln.

Lebensprinzip 3:
Man darf zwar, wenn man in diesen Kreisen gezeugt wurde, bereits etwas lesen, aber die Auswahl der Literatur ist aufgrund der Normorientierung stark eingeschränkt. Um als geistig niveauvoll zu gelten, liest man anspruchsvolle Tageszeitungen und Magazine sowie die neuesten Bestseller der Belletristik. Andere Informationsquellen, insbesondere Sachbücher, werden vielfach ignoriert, da sie als suspekt gelten.

Man versucht, sich gewählt auszudrücken und vermeidet gegebenenfalls, in seiner Mundart zu sprechen.

Lebensprinzip 4:
Hier will man meist nicht zu Hause bei »Muttern« oder in der Dorf- oder Sippengemeinschaft bleiben. Man zieht in die weite Welt, bricht zu neuen Ufern auf. Man will dort

wohnen, wo man meint wohnen zu müssen, wenn man etwas auf sich hält. Lieber wohnt man in einem kleinen Einzimmerappartement in einer vornehmen Wohngegend als in einem Haus, das in einem Wohnbezirk mit geringem Sozialprestige steht.

In Bezug auf Ernährung bevorzugen typische Angehörige der Mittelschicht die internationale Küche. Sie gehen heute italienisch, morgen japanisch und am Sonntag griechisch essen. Manche sind auch Anhänger der Nouvelle Cuisine. Häufig kaufen sie eine teure Küche als Prestigeobjekt – doch diese Küche bleibt meist kalt. Sie wird nur gelegentlich zum Tee- oder Kaffeekochen benutzt.

Lebensprinzip 5:
Die meisten Unternehmungen, die der Angehörige der Mittelschicht tätigt, sind nicht geschäftlicher Natur. Etwas »unternehmen« bedeutet für ihn zum Beispiel ausgehen. Dabei strömt er insbesondere dorthin, wo alle hinwollen. Ein besonderes Erfolgserlebnis kann er verbuchen, wenn er in ein so genanntes »In-Lokal« hineindarf, wo nicht jeder Zutritt hat. Aber der »Laden« muss »gerammelt« voll sein, sonst gilt es nichts. Sein Traum ist, zur »Szene«, zu den »Schickimickis« zu gehören.

Der Prototyp der Mittelschicht favorisiert die Kunstrichtung, die gerade en vogue ist.

In Bezug auf Kindererziehung setzt er alles daran, seinem Kind die Voraussetzungen für einen Milieusprung zu verschaffen. Insbesondere versucht er – nicht selten unter eigenen Verzichtsleistungen –, seinem Kind eine höhere Schulbildung zu ermöglichen, nicht zuletzt deshalb, weil er dadurch auch selbst wieder einen Prestigegewinn verzeichnen kann. Überdies gibt er häufig seinen Kindern ungewöhnliche Vornamen, um sich damit von anderen absetzen zu können.

Lebensprinzip 6:
Es werden primär die anderen analysiert, um eine Schuldzuweisung vornehmen zu können. Eine Selbstanalyse wird selten vorgenommen, Selbstkritik wird kaum geübt. Es werden zwar Gefühle gezeigt, die aber mehr rituellen Charakter haben, wie etwa Herzlichkeit bei Begrüßungszeremonien oder Freude beim Auspacken von Geschenken.

Lebensprinzip 7:
Im Gegensatz zur Unterschicht ist der typische Angehörige der Mittelschicht nicht nur am Sonntag, sondern fast immer modisch und schick gekleidet. Manchmal überzieht er sogar sein Konto, um sich teure Markengarderobe kaufen zu können. »Kleider machen Leute« ist seine Devise. Der »Mittel-

schichtler« legt in erster Linie Wert darauf, Stil, Niveau und einen erlesenen Geschmack zu dokumentieren und schätzt andere Menschen nach diesen Kriterien ein. Dass es sich dabei vor allem um den Geschmack der betreffenden Designer und Modemacher handelt, ist ihm gewöhnlich nicht bewusst. Besonders wichtig sind für ihn gute Manieren, Anstand und Etikette, vor allem aber die Beachtung von Verhaltensregeln in Lokalen und Restaurants.

Bei der Partnerwahl streben die weiblichen Angehörigen dieser Schicht primär nach Kontakten zu Männern, die in der sozialen Hierarchie höher angesiedelt sind, am liebsten würden sie einen erfolgreichen Arzt, Rechtsanwalt oder Unternehmer ehelichen. Der typische Mittelschicht-Mann hingegen träumt häufig davon, ein Fotomodell kennen zu lernen, um mit diesem sein Umfeld zu beeindrucken.

Auch tritt in diesen Kreisen zum Sex die Erotik hinzu, das heißt, es schwingt bereits in Kleidung und Unterwäsche ein leiser Hauch von Erotik mit. Doch auch die Reizwäsche ist hier Modeströmungen unterworfen. Wenn gerade Schilfgrün in ist, wird erwartet, dass der Partner darauf wie elektrisiert reagiert, auch wenn ihn andere Farben mehr antörnen.

Lebensprinzip 8:
Der Prototyp der Mittelschicht hat zu allem eine vorgefasste Meinung. So hält er zum Beispiel die Lehre des Begründers der Psychoanalyse, Sigmund Freud, für veraltet. »Hör mir mit Freud auf«, ruft er, ohne von Freud auch nur eine einzige Zeile gelesen zu haben. Er wechselt auch seine Ansichten, wenn es die Umstände verlangen. Insbesondere macht er sich die Meinung zu eigen, mit der er die meiste Anerkennung ernten, eine Diskussionsrunde als Sieger verlassen oder »oben« sein kann.

Lebt ein Mensch dieser Schicht in einer festen Partnerbeziehung, befolgt er die ungeschriebenen Regeln, wie man eine

Partnerschaft zu führen hat, was sich da gehört. Selbst wenn die Beziehung schon längst zur Farce geworden ist, demonstriert er nach außen eine »heile Welt«.

Lebensprinzip 9:
Der Mensch der Mittelschicht besucht gewöhnlich nur Weiterbildungsveranstaltungen, wenn er dazu von seiner Firma verpflichtet wird. In diesen Kreisen nimmt nur höchst selten jemand an Kursen oder Seminaren teil, die außerhalb seiner Berufssphäre liegen. Im Gegensatz zum typischen Angehörigen der Unterschicht liebt der Prototyp dieser Schicht das Schöngeistige, also Konzerte, Opern, Operetten und Vernissagen. Er kommt sich dabei gebildet vor, edel und vornehm. Auch Bildungs- und Fernreisen sind dazu angetan, sein Selbstbewusstein zu stärken und in ihm den Glauben entstehen zu lassen, er wäre ein Kosmopolit.

Lebensprinzip 10:
Hier liegt eine totale Identifikation mit der Firma oder Institution vor, in der der Einzelne arbeitet. Die Firma und er sind eins. Baut die Firma eine neue Niederlassung, sagt er stolz: »*Wir* bauen wieder«. Beruflich strebt er nach oben, will befördert werden oder zumindest in höhere Gehaltsklassen aufrücken. Besonders wird sein Selbstwertgefühl gestärkt, wenn er zum Beispiel bei einer Weihnachtsfeier vor seinen Kollegen gelobt wird, wenn man ihn für seine Leistungen mit einer Reise belohnt oder wenn er dafür einen Pokal oder firmeninternen »Oscar« erhält.

Lebensprinzip 11:
Im Gegensatz zur Unterschicht ist in diesen Kreisen eine Scheidung keine Schande.

Ein Angehöriger der Mittelschicht möchte ständig von Freunden zu Feiern, Partys und Feten eingeladen werden, um das Gefühl zu haben, wichtig zu sein.

Am liebsten wäre es ihm, wenn zu seinem Freundeskreis möglichst viele Akademiker oder gar Prominente gehören würden. Die Radtour mit Dr. Schulz oder die Bergwanderung mit Professor Dr. Steinberg kann dann wieder zur Hebung des eigenen Sozialprestiges verwendet werden. Manche geben sich aber auch betont aufgeschlossen und progressiv. Sie springen lässig im Jeansanzug aus ihrem Geländewagen oder legen ein besonders emanzipiertes Verhalten an den Tag.

Seine Freizeitgestaltung richtet sich primär danach, was gerade in ist – er surft, wenn Surfen angesagt ist, er jagt, wenn Prominente dies tun und er geht inlineskaten, wenn er meint, damit sein Umfeld beeindrucken zu können.

Lebensprinzip 12:
Das Unbewusste und das Verdrängte machen Angst. Ängste werden häufig durch den Konsum von Alkohol oder Psychopharmaka bekämpft. Man will nicht in den »Spiegel« schauen, aus Angst, das eigene »Kartenhaus« könnte dann zusammenbrechen. Mit Esoterik und Mystik beschäftigt man sich nur dann, wenn es gerade Mode ist, ansonsten lehnt man solche Themen ab.

Auch die Alternativszene erscheint Vertretern der Mittelschicht suspekt, weil die Vorstellungen dort konträr zu den eigenen Maßstäben und Idealen sind.

Die Schwierigkeit in der Mittelschicht liegt darin, dass man meist die Form als wichtiger erachtet als den Inhalt. Typisch für einen Angehörigen dieser Schicht ist eine »Erzählkultur«, das heißt, er will ständig erzählen, was er erlebt hat, wie es im Urlaub war, was er in bestimmten Lokalen gegessen und welche Leute er getroffen hat. Es ist kaum eine »Themenkultur« vorhanden, bei der spezifische Themen differenziert besprochen werden können, bei der eine gegenseitige Befruchtung im Gespräch möglich ist und sinnvolle Informationen ausgetauscht werden.

Der Angehörige der Mittelschicht fragt einen erfolgreichen Mann im Allgemeinen nie danach, warum und durch was er erfolgreich geworden ist. Er fragt einen Arzt nicht nach seinen Behandlungsmethoden, einen Psychotherapeuten nicht, welche therapeutische Richtung er vertritt, einen Schriftsteller nicht, über welche Themen er gerade schreibt... Es genügt ihm, solche Leute zu seinem Freundeskreis zählen zu dürfen. Und er schaut viel mehr auf das Erscheinungsbild dieser Leute, z. B. auf ihre Kleidung, er interessiert sich dafür, wo und wie sie wohnen und vor allem auch, welches Auto sie fahren.

Fazit: Die größte Gefahr bei einem typischen Angehörigen der Mittelschicht liegt darin, dass er sich im steten Streben nach Anerkennung und Ehre erschöpft. Er versäumt es häufig, in der »Tretmühle« einmal innezuhalten und zu lernen, zwischen Schein und Wirklichkeit zu unterscheiden.

Erst wenn er den Orakelspruch zu Delphi »Erkenne dich selbst« zu seinem Lebensmotto macht und beginnt, *wesentlich* zu werden, hat er eine reelle Chance, zum wirklichen Leben vorzustoßen.

»Bei dem Weisen ist der Reichtum ein Diener;
bei dem Toren spielt er den Herrn.«
(Seneca)

Die Oberschicht

Zur Oberschicht rechnet man etwa drei Prozent der Bevölkerung. Es ist eine durch besondere Merkmale ausgezeichnete und aus der »Masse« der Bevölkerung herausgehobene Schicht. Die Merkmale, nach denen die einzelnen Individuen und sozialen Gruppen im Urteil der anderen als zur Oberschicht gehörend gelten, sind dem sozialgeschichtlichen Wandel unterworfen. War es in der Ständegesellschaft eindeutig die Herkunft, in der bürgerlichen Klassengesellschaft Bildung und Besitz, so sind heute häufig »erworbene« Rollen und Positionen dazugekommen, wie etwa Führungspositionen in den Bereichen Wirtschaft, Politik, öffentliche Verwaltung, Forschung, Wissenschaft, Bildung, Kultur, Kunst, »Freizeitindustrie« ...

Es macht einen großen Unterschied, ob die Eltern eines Kindes zur Bildungs-Oberschicht, zur Oberschicht der Besitzenden oder zur Einkommens-Oberschicht zählen und bei letzterer wiederum ist es von Bedeutung, wodurch das hohe Einkommen zustande kommt. Insofern können auch in der Oberschicht die Maßstäbe, Normen, Ideale und Tabus der Unter- und Mittelschicht vorherrschen, wenn die Eltern ursprünglich aus diesen Schichten kommen und darüber nie reflektiert haben (wenn zum Beispiel ein Mann aus der Unterschicht ein berühmter Filmschauspieler, Boxer oder Fußballspieler wird). Insofern ist es bei der Oberschicht kaum möglich, einen Prototypen zu beschreiben, wie wir es bei der Unter- und Mittelschicht getan haben.

Fest steht jedoch, dass für den Einzelnen in der Oberschicht bessere Chancen zur Entwicklung des Selbstbewusstseins bestehen und dass gewöhnlich dort auch viele Normen und Tabus, die in der Unter- und Mittelschicht das Leben des Einzelnen einengen und gängeln, keine Gültigkeit haben. Dadurch, dass genügend Geld vorhanden ist, kann man dort einige Dinge lockerer sehen. Auch das permanente Streben nach Anerkennung hat ein Angehöriger der Oberschicht weniger nötig. Er ist anerkannt und muss deshalb nicht ständig danach streben. Er kann es sich eher erlauben, einmal nachlässig gekleidet zu sein oder einen Lapsus in einem vornehmen Lokal zu begehen. Die größte Schwierigkeit in diesen Kreisen liegt darin, die gesellschaftliche Position über Generationen hinweg zu halten; denn oft fehlt den Kindern der Reichen und Erfolgreichen die Motivation und der Ehrgeiz, etwas Großes zu leisten. Insofern besteht die Gefahr, dass das erworbene Vermögen sowie Status und Prestige der Familie im Laufe der Zeit wieder verloren gehen.

»Glücklich, wer mit den Verhältnissen
zu brechen versteht,
ehe sie ihn gebrochen haben.«
(Franz von Liszt)

Jenseits der Schichten

Wenn man sich selbst erlösen und seinen Vater und seine Mutter in sich selbst heilen möchte, ist es unerlässlich, die Prägung durch die Schicht, in der man gezeugt wurde, weitestgehend zu löschen. Wer ein besseres Schicksal als seine Eltern haben will, kommt um diesen entscheidenden Schritt nicht herum. Durch etwas Nachdenken ist es verhältnismäßig leicht, die Lebensfeindlichkeit der Maßstäbe, Normen und Ideale der Unterschicht zu erkennen. Es ist offensichtlich, dass man es damit im Leben nicht allzu weit bringen kann. Etwas schwieriger aber ist es, sich aus der Mittelschicht hinauszumanövrieren, denn das Leben dort kommt einem gar nicht so übel vor. Ein Kind wird dort gewöhnlich nicht körperlich bedroht oder gar misshandelt, wie es in der Unterschicht eher vorkommen kann. Es wächst in eine Welt hinein, in der Formen und Namen eine wichtige Rolle spielen, wo es sittsam und gepflegt zugeht, wo man Wert auf Schönheit und Ästhetik legt, wo man sich an der Unterschicht stabilisiert und das Gefühl hat, höher, besser und mehr zu sein als andere.

Wenn man in einer solchen Welt aufgewachsen ist, denkt man im Allgemeinen nicht daran, dass hier ganze Lebensgebiete ausgeklammert werden. Man hat da nicht das Gefühl, dass einem etwas fehlt. Deshalb ist es sehr schwer für einen Angehörigen dieser Schicht zu erkennen, was dort eine Form ohne Inhalt ist, was dort Schein ist und entlarvt werden müsste. Viele Menschen aus dieser Schicht versuchen sogar, ihre Eltern noch zu toppen, indem sie sich noch geschmackvoller und modischer als diese kleiden, noch mehr Wert auf ein exklusives Ambiente legen, ein noch größeres oder schnittigeres Auto fahren. Doch wenn sie sich darüber hinaus nicht die notwendigen Inhalte auf den verschiedenen Lebensgebieten aneignen, bleiben sie Marionetten ihrer Schicht.

Ziel der Entwicklung der menschlichen Natur ist es, jenseits der Schicht, in der man geprägt wurde, zu gelangen. Denn erst dort hat die »Schicksalskonfektion« ein Ende. Erst dort – jenseits aller Milieus – ist es möglich, eine echte Individualität bzw. Identität zu entwickeln.

Es ist wichtig, dazu zu stehen, aus welcher Schicht man kommt, zu erkennen, welche spezifischen Verhaltensweisen und Glaubenshaltungen da vorherrschen, und dass dort fast alle Mitglieder nach spezifischen Maßstäben, Normen und Idealen leben, die ungünstiges Schicksal am laufenden Band erzeugen.

Deshalb: Wer den Milieusprung schaffen will, wohlgemerkt nicht den Sprung in die nächsthöhere Ebene der Hierarchie, sondern den Sprung hinaus aus allen Milieus, der kommt nicht darum herum, sein Überich umzupolen.

Heilung

»Je mehr Verbot, um so mehr Übertretung.
Je mehr Vorschrift, umso mehr Nichterfüllung.«
(Laotse)

Die Umpolung des eigenen Gewissens

Von alters her gilt als gut, wenn man die Vorgaben der Kultur, der Zeitepoche und der Elternrollenspieler gutheißt, wenn man gehorsam ist, sich anpasst, keine Schwierigkeiten macht, wenn man die Programme der anderen ohne Murren erfüllt.

Gut ist, wer anständig ist, wer seine Triebe unterdrückt, wer nichts Eigenes fühlt, wer nicht mitdenkt, sondern wie in Trance die vorgegebenen Rituale absolviert. Besonders unbeliebt machen sich diejenigen, die nicht nur mitdenken, sondern auch noch eigene Konzepte oder gar Verbesserungsvorschläge unterbreiten. Gut ist also gleichbedeutend mit: reibungslos funktionieren, alles ohne Widerrede erledigen und sich auch noch artig für die Fremdbestimmung bedanken.

Wer jedoch in diesem Sinne gut ist, ist böse gegenüber seiner eigenen Natur. Er verleugnet seine eigene Natur und damit auch sein wirkliches Leben.

Er ist böse gegenüber seinen Trieben, seinen Gefühlen und seinen Gedanken, böse gegenüber seinem eigenem Leben. Und dies hat früher oder später Krankheit und schlechtes Schicksal zur Folge. Denn die vergewaltigte und geknebelte Natur reagiert auf diese Unterdrückung, klagt an, schlägt zurück. Aus diesem Grunde ist es nicht verwunderlich, dass besonders der brave, anständige Mitmensch Krankheit und Leid gleichsam wie ein Magnet anzieht.

Hierzu ein Beispiel: Edith L. (63 Jahre, Hausfrau) war immer sehr darauf bedacht, in ihrem Umfeld niemals und nirgendwo anzuecken. Sie wollte überall beliebt und geachtet sein. Diese Intention war auch der Grund dafür, dass sie nicht wagte, ihr erspartes Geld von ihrem Konto bei einem Bankunternehmen, das wirtschaftlich bereits angeschlagen war, abzuheben. Ediths Antwort auf das Drängen ihres Umfeldes, doch endlich dieses Konto zu kündigen: »Wenn ich das täte, was würden denn dann die Bankangestellten, mit denen ich in einem persönlichen Kontakt stehe, von mir denken!« Edith stand nun vor dem Dilemma, einerseits Angst zu haben, ihr Erspartes zu verlieren, andererseits die Bankangestellten, die sie persönlich kannte, vor den Kopf zu stoßen. Im Spannungsfeld dieser Ängste wählte ihr Unbewusstes einen Ausweg, indem es einen Gehörsturz inszenierte.

Die meisten Krankheiten sind nichts anderes als somatisierte Probleme und Konflikte und die meisten Probleme und Konflikte sind auf ein antiquiertes Überich zurückzuführen.

Man fühlt und denkt der herkömmlichen Moral und Konvention entsprechend und kann daher nicht mit Situationen umgehen, die nicht in dieses kollektive Konzept einzuordnen sind.

So erlitt Josef A. (42) just in der Zeit einen Bandscheibenvorfall, als sich die baldige Kündigung seines Arbeitsplatzes abzeichnete.

Rosamunde W. (68) regte sich furchtbar darüber auf, dass sich ihre Tochter nun schon zum dritten Mal scheiden lassen wollte. Kurz darauf wurde sie aufgrund eines Schlaganfalles ins Krankenhaus eingeliefert.

Constanze T. (59) erlitt einen Nervenzusammenbruch, weil ihre Tochter Johanna es nicht für nötig hielt, das Grab ihres Vaters zu besuchen.

Friederike G. (61) brach sich zu dem Zeitpunkt ihrer Lebensgeschichte beide Beine, als sie sich gerade große Sorgen um ihren Sohn Manfred machte. Dieser hatte sich finanziell übernommen und konnte deshalb sein Haus nicht fertig stellen.

Im Fall von Edith L. scheint die Lösung einfach zu sein. Sie hätte mehr auf sich selbst statt auf andere schauen müssen. Mit etwas mehr Courage, mehr Eigenwert und besserer Rhetorik hätte ihre Situation ganz anders ausgesehen.

Doch wie hätte Josef A. seinen Bandscheibenvorfall verhindern können? Hier wäre eine andere Einstellung zur Arbeitslosigkeit notwendig gewesen. Es macht für sein psychisches Wohlbefinden einen großen Unterschied, ob er die Arbeitslosigkeit mit Verlust von Sozialprestige und Anerkennung assoziiert oder als Chance zu einem Neuanfang begreift, der z. B. darin bestehen könnte, eine Arbeit zu finden, die mehr seinen Neigungen entspricht oder sich selbstständig zu machen.

Rosamunde W. hat offensichtlich nur wenig ihr eigenes Leben gelebt, sonst hätte sie nicht die Erwartungshaltung, dass ihre Tochter ihre Lebenszeit ausschließlich mit ein und demselben Partner verbringt. Die Ursache der Problematik ist also, dass Rosamundes Wohlbefinden davon abhängt, inwieweit ihre Tochter die Norm und das Ideal einer harmonischen Ehe erfüllt. Auch hier geht es wieder um Anerkennung, in diesem Fall dafür, dass man eine Tochter hat, die gut verheiratet ist.

Constanze T. kommt ebenfalls nicht damit zurecht, dass ihre Tochter eine Norm nicht einhält. Aufgrund dessen schämt sie sich vor anderen Leuten, die ihr jegliche Anerkennung versagen.

Ähnlich ist auch der Fall Friederike G. gelagert. Friederike schämt sich, weil ihr Sohn den Bau seines Hauses nicht vollenden konnte. Es quält sie die Frage: »Was werden die anderen Leute nun von uns denken«? Mit etwas mehr Souveränität könnte sie sich sagen: »Ich freue mich, dass mein Sohn den Mut hatte, den Bau eines Hauses in Angriff zu nehmen. Wenn er derzeit nicht in der Lage ist, sein Vorhaben zu Ende zu bringen, wird er dies eben zu einem späteren Zeitpunkt tun.«

Wir sehen, dass in all diesen Fällen das Bestreben, eine

Norm einzuhalten, das ausschlaggebende Moment für die jeweilige Somatisierung war. Will man eine solche Somatisierungstendenz im eigenen Unbewussten löschen, heißt es, sein Bewusstsein zu erweitern, was nur mithilfe einer Umpolung des eigenen Gewissens zu erreichen ist.

Man kann nicht individuell werden, gleichzeitig aber an der geltenden Moral und den gängigen Normen als seelisch-geistige Richtschnur festhalten. Das ginge genauso wenig, wie ein Kranker gesund werden könnte, wenn er seinen krank machenden Lebensstil beibehielte.

Entfernt man etwas aus seinem Persönlichkeitssystem, ohne dass man dafür etwas Neues einfügt, wird dieses destabilisiert. Solange man so leben will wie die meisten anderen, braucht die eigene Psyche einen Halt in Form einer allgemein gültigen Orientierung. Beginnt der Einzelne jedoch, einen Individuationsprozess zu vollziehen, kommt er nicht darum herum, sich mehr und mehr von lebensfeindlicher Moral zu lösen und sich mehr nach ethischen Gesichtspunkten auszurichten. In dieser Ablösungsphase ist es besonders wichtig, dass man sich nicht einfach nur gegen die allgemeine Moral und Konvention stellt oder gar sich amoralisch verhält – das wäre im Grunde nur eine kontraproduktive Antihaltung –, sondern dass man

a) die alten Normen, Maßstäbe und Ideale seiner Eltern und seines Milieus hinterfragt und sich dabei bewusst macht, inwieweit man bisher nur ein Sprachrohr des Überichs seiner Vorfahren war, und
b) anstelle des alten Überichs eine neue, humane, lebensfördernde Ethik in seiner Psyche begründet.

Ohne Umpolung des Gewissens ist es nicht möglich, aus der komplementären Verflochtenheit zwischen Kindrollenspieler und Elternrollenspieler auszusteigen, seine Energien in freien Fluss zu bringen, vom Energieverbraucher zum Energieerneuerer zu werden, kurzum, psychisch erwachsen zu werden. Eine solche Umpolung hat eine Entsprechung in der Außenwelt, und zwar, wenn es gilt, bei der Energiegewinnung auf erneuerbare Energien umzustellen.

Wer es nicht bereits erfahren hat, kann sich nur schwer vorstellen, was die Umpolung des Gewissens für die eigene Psyche und deren Ressourcen bedeutet.

Es ist, als erschiene eine neue Morgenröte am Horizont, als ginge ein Aufatmen durch das ganze psychische Land. Alle Persönlichkeitsanteile freuen sich, nicht mehr unter der Knute des alten Überichs zu stehen und sich endlich frei und ungezwungen entfalten zu können. Es geht ein Ruck durch das ganze Persönlichkeitssystem, man spürt eine ungeheure Aufbruchstimmung, so nach dem Motto: Jetzt ist der Weg frei, gehen wir es an!

Viele Teilnehmer an unseren Seminaren berichten übereinstimmend, sie hätten nach der Transformation ihres Überichs das Gefühl gehabt, neu geboren zu sein. Sie wollten von da an nichts mehr von ihrem Leben versäumen, jede Minute voll auskosten.

Das Richtmaß für die neue Ethik sind die Gesetze des Lebens, denen ein völlig anderes Verständnis von Gut und Böse zugrunde liegt: **Gut ist, was dem Leben dient, und schlecht ist, was dem Leben zuwiderläuft.**

Das bedeutet, dass die eigenen Triebe, Gefühle und Gedanken, also das, was die eigene Lebendigkeit ausmacht, als **schützenswert** erachtet werden und man deshalb aufhört, diese zu bekämpfen. Die Übersichten auf den Seiten 97 und 98 zeigen, welche positiven Kettenreaktionen eine solche Umpolung im gesamten Persönlichkeitssystem in Gang setzt, im Gegensatz zu den ungünstigen Auswirkungen, die Moral und Konvention im Schicksal des Einzelnen zeitigen.

Endlich hat das Leben Vorrang und nicht mehr eine zweifelhafte Moral. Es ist bei diesem Maßstab nicht mehr möglich, als moralisch zu gelten und gleichzeitig massiv Wasser, Luft und Erde zu verschmutzen.

Das Leben ist schützenswert, das heißt das eigene Leben, das Leben und die Gesundheit der Mitmenschen, der Tiere und der Pflanzen!

Wer sein Überich umpolt, übernimmt damit Verantwortung, tritt aus dem Trampelpfad der Masse hinaus und wird ein mündiger Bürger. Und die Mündigen, die sich von der alten Moral befreien wollen oder sich schon befreit haben, mehren sich, was Anlass zu Hoffnung gibt. Noch ein Punkt zur Beruhigung des Gewissens: Die Umprogrammierung des Überich verstößt nicht gegen geltendes (geschriebenes) Recht. Es ist fast nicht zu glauben, aber es ist wirklich so: Man verstößt gegen keine einzige Vorschrift im Bürgerlichen Gesetzbuch und auch gegen keinen einzigen Paragrafen im Strafgesetzbuch! Ja mehr noch! Man ist sogar dabei, das Grundgesetz der Bundesrepublik Deutschland, die Verfassungen Österreichs und der Schweiz sowie die Artikel der allgemeinen Erklärung der Menschenrechte der Vereinten Nationen mit Inhalt zu füllen und endlich zu *verwirklichen.*

Zur Orientierung, welche Menschenrechte sich dem Einzelnen durch die Transformation des eigenen Gewissens von der gängigen Moral auf die Ethik des Lebens eröffnen:

Menschenrechte:

- das Recht auf freie Entfaltung bzw. Entwicklung der Persönlichkeit
- das Recht auf ein eigenes Revier (eigenes Zimmer oder eigene, abgeschlossene Wohnung)
- das Recht auf freie Wahl der einem gemäßen Partnerschaftsform (zum Beispiel getrennt oder zusammen wohnen, gemeinsames Schlafzimmer oder getrennte Schlafzimmer, sich wie oft und wann treffen usw.)
- das Recht auf freie Wahl des Wohnortes
- das Recht auf freie Wahl der Wohnform

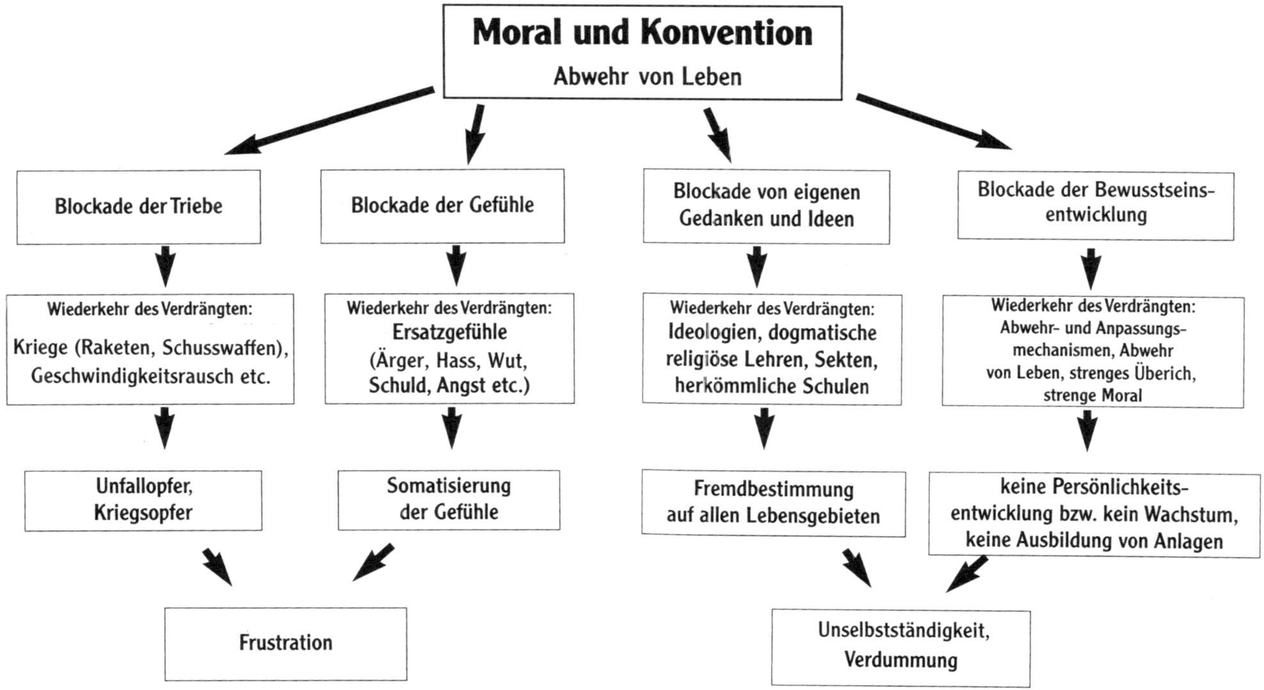
Moral und Konvention
Abwehr von Leben
Blockade der Triebe
Blockade der Gefühle
Blockade von eigenen Gedanken und Ideen
Blockade der Bewusstseinsentwicklung
Wiederkehr des Verdrängten: Kriege (Raketen, Schusswaffen), Geschwindigkeitsrausch etc.
Wiederkehr des Verdrängten: Ersatzgefühle (Ärger, Hass, Wut, Schuld, Angst etc.)
Wiederkehr des Verdrängten: Ideologien, dogmatische religiöse Lehren, Sekten, herkömmliche Schulen
Wiederkehr des Verdrängten: Abwehr- und Anpassungsmechanismen, Abwehr von Leben, strenges Überich, strenge Moral
Unfallopfer, Kriegsopfer
Somatisierung der Gefühle
Fremdbestimmung auf allen Lebensgebieten
keine Persönlichkeitsentwicklung bzw. kein Wachstum, keine Ausbildung von Anlagen
Frustration
Unselbstständigkeit, Verdummung

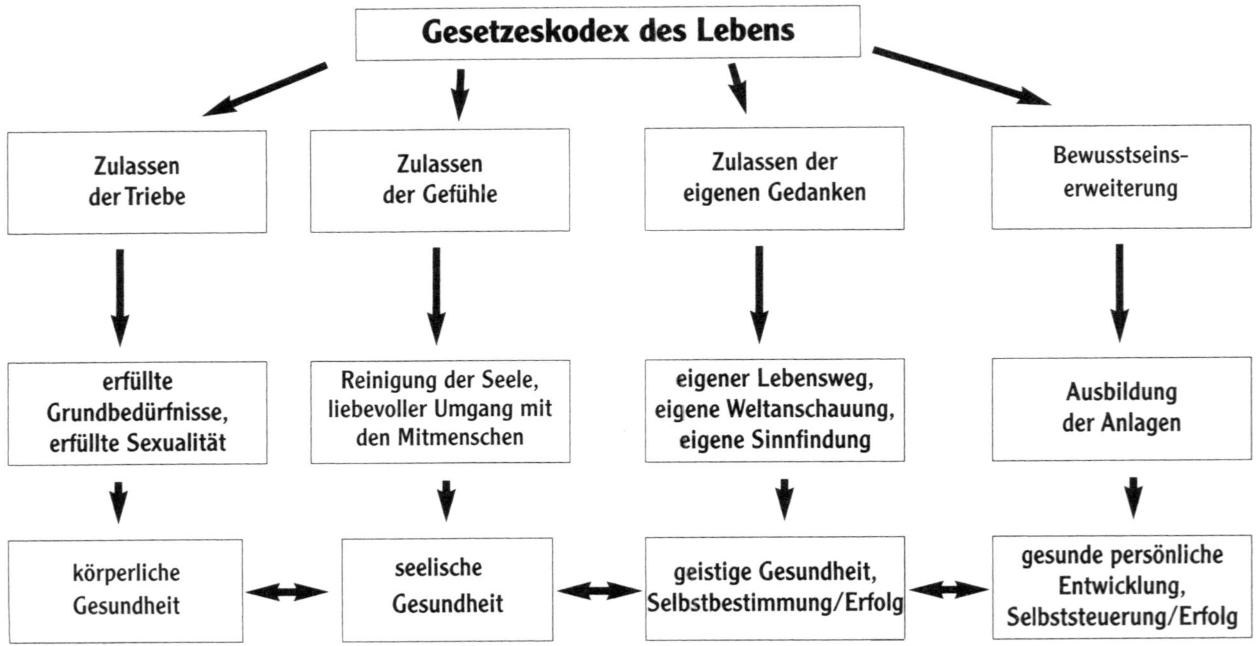
Gesetzeskodex des Lebens
Zulassen der Triebe
Zulassen der Gefühle
Zulassen der eigenen Gedanken
Bewusstseins-erweiterung
erfüllte Grundbedürfnisse, erfüllte Sexualität
Reinigung der Seele, liebevoller Umgang mit den Mitmenschen
eigener Lebensweg, eigene Weltanschauung, eigene Sinnfindung
Ausbildung der Anlagen
körperliche Gesundheit
seelische Gesundheit
geistige Gesundheit, Selbstbestimmung/Erfolg
gesunde persönliche Entwicklung, Selbststeuerung/Erfolg

- das Recht auf freien Aktionsradius
- das Recht auf körperliche, seelische und geistige Unversehrtheit
- das Recht auf Ruhe
- das Recht auf eigene Beziehungen (auf einen eigenen Freundeskreis)
- das Recht auf eigene Zeitstrukturierung (das Recht, Zeit für sich selbst zu beanspruchen)
- das Recht auf einen eigenen Lebensstil
- das Recht auf Wohlleben
- das Recht auf Freizeit
- das Recht auf Freiheit und Unabhängigkeit
- das Recht, eigene Hobbys zu pflegen
- das Recht, eigenen Interessen nachzugehen
- das Recht, selbst für den eigenen Körper, die eigene Seele und den eigenen Geist verantwortlich zu sein
- das Recht, im eigenen Leben Regie zu führen
- das Recht auf Gedankenfreiheit
- das Recht auf eigene Gefühle
- das Recht auf ein eigenes Triebleben
- das Recht, seine Gefühle zu zeigen
- das Recht auf einen eigenen Lebensweg
- das Recht auf eigene Ziele
- das Recht auf einen eigenen Beruf
- das Recht auf freie Wahl des Arbeitsplatzes
- das Recht, die eigene Berufung wahrzunehmen und ihr zu folgen
- das Recht auf ein eigenes Bankkonto
- das Recht auf Eigentum
- das Recht auf Besitz
- das Recht auf freien Erwerb
- das Recht auf eine eigene Weltanschauung, Philosophie oder Religion
- das Recht auf Weiterbildung
- das Recht, Informationen einzuholen

- das Recht auf Selbstverwirklichung
- das Recht auf ein eigenes Unternehmen oder Geschäft
- das Recht auf Lebensgenuss
- das Recht, Distanz zu wahren
- das Recht auf freie Kommunikation
- das Recht auf freie Sexualität
- das Recht auf Schönheit und Ästhetik
- das Recht, den eigenen Geschmack zu verwirklichen
- das Recht, sich selbst Freude und Glück zu verschaffen
- das Recht auf Kritik
- das Recht, zu hinterfragen und zu zweifeln
- das Recht auf Wahrnehmung der Hintergründe
- das Recht auf Geheimnisse und Heimlichkeiten
- das Recht auf Verwirklichung der eigenen Träume, Wünsche und Phantasien (allerdings nicht auf Kosten anderer)
- das Recht auf Verwirklichung eigener Vorstellungen (ohne andere als Erfüllungsgehilfen zu missbrauchen)
- das Recht auf Erfolg
- das Recht auf einen eigenen Gesetzeskodex (im Rahmen der Lebensgesetze)
- das Recht auf Selbstverantwortung

All diese Rechte dürfen selbstverständlich nur so weit ausgelebt werden, wie andere dadurch nicht (in ihrer ersten Natur) geschädigt werden.

Ferner lässt sich daraus gleichzeitig die **Pflicht** und **Verantwortung** ableiten, diese Rechte auch seinem Partner bzw. seinen Mitmenschen zuzugestehen.

Schließlich wird man bei der Umsetzung dieser Rechte merken:

Man muss zuerst menschlich zu sich selbst sein, erst dann ist es möglich, auch menschlich zu anderen zu sein.

Fragen, die man sich in diesem Zusammenhang stellen könnte:

1. Aus welcher Schicht stammen meine Eltern?
2. Welche Glaubenshaltungen, Redewendungen und Verhaltensweisen sind für diese Schicht typisch?
3. Wie ist das Überich dieser Schicht strukturiert?
4. Auf welchen Lebensgebieten habe ich die Maßstäbe, Normen, Ideale und Tabus dieser Schicht infrage gestellt?
5. Welche ungünstigen Schicksalsereignisse hat das milieuspezifische Überich in meinem Leben gezeitigt?
6. Auf welchen Lebensgebieten ist es mir bereits gelungen, die Ethik des Lebens zu installieren?
7. Welche günstigen Schicksalsereignisse sind darauf zurückzuführen?
8. Wo kann ich in meinem Bekannten- oder Verwandtenkreis die negativen Auswirkungen des milieuspezifischen Überichs erkennen?
9. Lebe ich mehr in einer »Erzählkultur« oder in einer »Themenkultur«?
10. Inwieweit ist es mir bereits gelungen, die Prägung durch das Milieu rückgängig zu machen und ein gutes Leben jenseits aller Milieus zu leben?

»Nur Lebendiges schwimmt gegen den Strom.«
(Karl-Heinz Deschner)

Heilung durch den Gegenpol oder durch Kompensation

Alexander Lowen schreibt in *Bio-Energetik:*

»Ausgeglichenheit und Balance sind wichtige Merkmale des gesunden Lebens. Diese Feststellung ist so einleuchtend, dass sie keiner weiteren Erklärung bedarf. Wir sprechen von einer ausgeglichenen Nahrung, einem ausgeglichenen Verhältnis von Arbeit und Freizeit, von geistiger und körperlicher Tätigkeit und so weiter. Gewöhnlich ist man sich nicht darüber im Klaren, bis zu welchem Grad das Prinzip der Ausgeglichenheit in unserem Körper und in der Natur wirksam ist. Immerhin ist uns die entscheidende Bedeutung dieses Prinzips in letzter Zeit immer bewusster geworden. Früher nahmen wir die Natur einfach als feste Größe hin, beuteten sie aus und gefährdeten damit das empfindliche ökologische Gleichgewicht, von dem unser Überleben abhing. Jetzt, wo unser Überleben tatsächlich bedroht ist, begreifen wir allmählich, wie verhängnisvoll unsere Ignoranz und Gier sind. Das gilt nicht nur für die Natur, sondern auch für unseren Körper.

Das Prinzip der Ausgeglichenheit lässt sich beim lebenden Organismus am besten durch die so genannten homöostatischen Mechanismen des Körpers veranschaulichen. So können zum Beispiel die chemischen Körperprozesse nur ablaufen, wenn zwischen den Wasserstoff- und Hydroxyl-Ionen im Blut ein bestimmtes Gleichgewicht besteht. Oder ein anderes Beispiel: Wir wissen, dass die Temperatur in unserem

Körper immer zirka 37 Grad betragen sollte. Wir sind uns jedoch nicht der subtilen Mechanismen bewusst, die unsere Körperwärme regulieren und stabilisieren. Wenn wir frieren, zittern wir. Dieses Zittern ist eine Reaktion, mit der unser Körper ein ganz bestimmtes Ziel verfolgt. Die Hyperaktivität der Muskeln, die sich im Zittern äußert, produziert die Wärme, die zur Aufrechterhaltung der Körpertemperatur nötig ist. Das Zittern regt außerdem die Atmung an, wodurch mehr Sauerstoff für den Stoffwechselprozess verfügbar wird. Unsere Körperflüssigkeiten müssen ebenfalls in einem bestimmten Gleichgewicht gehalten werden, weil wir sonst austrocknen oder ›überschwemmt‹ würden. Ohne dass wir uns dessen bewusst sind, reguliert der Körper die Flüssigkeitsaufnahme und -abgabe, um dieses Gleichgewicht zu halten.«

Gesundheit ist also Gleichgewicht, Ausgewogenheit, Harmonie, Krankheit eine Reaktion der menschlichen Natur auf eine Störung dieser Harmonie bzw. auf einen krank machenden Reiz. Krankheit bedeutet, dass der Organismus Gegenmaßnahmen ergriffen hat, um das Gleichgewicht wiederherzustellen. Krankheit stellt demnach nichts anderes dar als das Bemühen, einen Ausgleich zu schaffen, und insofern ist sie ein »Gesundungsprozess«.

Ebenso verhält es sich mit dem Schicksal. Das Gesetz des Ausgleichs wirkt auch in der Außenwelt. Es ist immer darauf bedacht, einen Zustand der Harmonie zu erreichen. Je stärker die Harmonie gestört ist, umso heftiger wird die Reaktion auf die Störung ausfallen, vergleichbar der Bewegung eines Pendels, das umso stärker zurückschwingt, desto stärker man es anstößt.

Das Gesetz des Ausgleichs bewirkt immer die Anziehung des Gegenpols. So stabilisiert sich der Helfer am Hilflosen, der Mächtige am Machtlosen, der Unterdrücker am Unterdrückten, der Sadist am Masochisten, der Heilige am Sünder,

der Reiche am Armen, der Altruist am Egoisten, der Prahler am Bescheidenen, der Ordentliche am Schlamper ... und jeweils umgekehrt.

Das, was sich im Schicksal zeigt, hat immer eine psychische Ursache. Auch die Eigenschaften und Anlagen eines Menschen haben jeweils zwei Pole.

Nachfolgend aufgeführte Beispiele von menschlichen Eigenschaften sollen dies noch näher verdeutlichen:

gut	böse (schlecht)
ordentlich	unordentlich, schlampig
sauber	schmutzig
pünktlich	unpünktlich
dankbar	undankbar
mitfühlend	gleichgültig, kalt
sparsam	verschwenderisch
gepflegt	ungepflegt
tugendhaft	lasterhaft
ehrlich	verlogen
verlässlich	unzuverlässig
gehorsam	ungehorsam
gläubig	ungläubig
verantwortungsvoll	verantwortungslos
taktvoll	taktlos
vernünftig	unvernünftig
demütig	hochmütig
fleißig	faul
anständig	unanständig
großzügig	kleinlich

Entweder übernimmt der Einzelne die Eigenschaften und Verhaltensmuster von Vater oder Mutter oder er geht in den Gegenpol und lebt eine »verbesserte« Version von Vater oder Mutter. Verbessert heißt hier, man ist mit dem, wie Vater oder Mutter gewesen ist oder ist, nicht einverstanden und versucht daher, ihn bzw. sie über den Gegenpol auszugleichen.

Ludwig S. zum Beispiel war ein sparsamer Mann. Am Tag der Zeugung seines Sohnes Herbert kam diese Eigenschaft besonders zum Tragen. Bevor er seine Freundin Iris zum Abendessen ausführte, legte er ihr nahe, sich an ihm ein Beispiel zu nehmen und vorher viel zu trinken, damit sie zum Essen keine Getränke mehr zu bestellen brauchten. Anschließend ging er mit ihr für ein Schäferstündchen in ein Hotel (beide hatten damals keine eigene Wohnung). Hierfür nahm er aus Sparsamkeitsgründen ein Einzelzimmer und feilschte zudem lange Zeit an der Rezeption um den Preis.

Sein Sohn Herbert reagierte auf dieses sparsame und geizige Verhalten seines Vaters mit einem Antiskript. Er gab das Geld mit vollen Händen aus, stieg nur in Hotels der »Upperclass« ab, gab großzügige Trinkgelder, warf Lokalrunden und überhäufte seine jeweilige Freundin mit teuren Geschenken.

Durch dieses verschwenderische Verhalten zog er einen völlig anderen Frauentypus an als sein Vater, einen, der eben zu seinem Antiskript passte.

Ein anderes Beispiel:
Reinhard A. wurde in einer noblen, steifen Atmosphäre gezeugt. Seine Eltern waren distinguierte Leute, die stets edel und schick gekleidet waren und deren Wohnung eine vornehme Eleganz ausstrahlte.

Reinhard A. hingegen verfiel ins Gegenteil. Er ist heute als Erwachsener fast immer nachlässig gekleidet und in seiner Wohnung herrscht ein ziemliches Chaos.

In all diesen Fällen »heilt« der Einzelne durch den Gegenpol zwar seinen Vater oder seine Mutter, weil er ihn bzw. sie ausgleicht, aber diese Art des Ausgleichs kann ebenfalls pathologisch sein. Im Grunde ist es so, dass hier eine Krankheit durch eine »Gegenkrankheit« »geheilt« wird. Eine These fordert eine Antithese heraus, die wieder andere ungünstige Kettenreaktionen im Schicksal auslöst. Auch auf der gesellschaftlichen Ebene kann man dieses Phänomen immer wieder erkennen. Auf die autoritäre Erziehung folgte zum Beispiel als Gegenreaktion die so genannte antiautoritäre Erziehung. Das eine war die Hölle für die Kinder, das andere die Hölle für die Eltern. Erst bei der aus der These und Antithese sich ergebenden Synthese ist eher damit zu rechnen, dass der Weg in eine gesündere Richtung geht.

Die Situation bei der Generationsfolge ist oft ähnlich gelagert. Die Eltern der so genannten 68er-Generation waren sehr konservativ und in Konventionen gefangen, während die 68er-Generation den Gegenpol dazu bildete. Ihr Motto war, sich von dem alten Mief zu befreien und auf allen Lebensgebieten neue Wege zu gehen. Die meisten Kinder der »68er« wiederum fielen zum Leidwesen ihrer Eltern in einen tiefen Konservatismus zurück – junge Frauen wollten sich erneut für die Ehe »aufsparen« und versuchten, sich überall anzupassen. Auch die jungen Männer setzten größtenteils nicht etwa die »Revolution« ihrer Väter fort, sondern bekannten sich zu den angestammten Werten von Status, Prestige und Konsum.

Die Tragik der Heilung durch den Gegenpol liegt darin, dass dabei der Vater bzw. die Mutter meist große seelische Schmerzen erleiden. Sie können einfach nicht verstehen, dass ihr Kind nicht so geworden ist, wie sie selbst sind oder jedenfalls nicht so, wie sie es sich vorgestellt haben, dass es – wie sie meinen – so aus der Art geschlagen ist; denn die erforderliche Selbstkritik, die zu der Erkenntnis führte, dass der eigene Pol, den man so selbstgefällig als den einzig richtigen ansieht, ebenso pathologisch ist, bringen nur die wenigsten auf. Dass sie darüber hinaus noch erkennen, dass sie ihr Kind dadurch unbewusst zu dieser Gegenreaktion getrieben haben, ist erst recht nicht zu erwarten. Nehmen wir den Fall von Dagobert O.: Dieser wurde heimlich und unter großen Ängsten in dem Schrebergarten seiner Großeltern gezeugt. Sein Vater, ein Straßenbauarbeiter, hatte den Schlüssel hierfür entwendet, um mit Uschi, seiner Verlobten, schlafen zu können. Dagobert entwickelte sich zunächst »normal«. Doch nach einigen Jahren fiel seinen Eltern auf, dass er ein eigenartiges Fühlen und Denken an den Tag legte. Er verhielt sich so ganz anders, als sie es sonst in ihrem Familienverband gewöhnt waren. Seine Mutter sagte einmal: »Wenn er nicht eine Hausgeburt wäre, würde ich sagen, dass er bei der Geburt vertauscht worden ist.« Trotz seiner Aversion gegen körperliche Arbeit zwangen ihn seine Eltern immer wieder dazu. »Wir haben auch arbeiten müssen, also soll auch er sich nützlich machen«, sagten sie. Bei der Arbeit tat sich Dagobert regelmäßig weh, was seine Eltern noch mehr erboste. Bereits im Alter von fünfzehn Jahren las er die Werke von Freud, Adler und Jung und verstieß damit gegen das ausdrückliche Verbot seiner Eltern. Nach dem Abitur verließ Dagobert geradezu fluchtartig sein Elternhaus und studierte an einer Universität Psychologie. Seine Eltern, für die nur die materielle, greifbare Welt zählt und für die es so etwas wie Seele oder Geist nicht gibt, sind heute noch von bitterem Hass auf ihren »missratenen« Sohn erfüllt.

Hier wird deutlich, dass Dagobert durch seine Beschäftigung mit der Geisteswissenschaft Psychologie seine Eltern, die ausschließlich in der materiellen Welt zu Hause sind, heilt, *ohne dass jene wissen, dass sie dadurch geheilt werden.* In diesem Zusammenhang sei noch einmal betont: Es geht nur darum, dass er seinen Vater und seine Mutter in sich selbst zu heilen vermag, ungeachtet dessen, ob seine real existierenden Eltern in der Außenwelt dies registrieren oder nicht. Er braucht also nicht enttäuscht zu sein, wenn seine Eltern von dieser »Heilung« nichts mitbekommen, es muss ihm nur selbst bewusst sein, dass er sie in einem größeren Zusammenhang nach dem Gesetz des Ausgleichs in die Harmonie bringt. Außerdem sollte ihm klar sein, dass dieser Ausgleich für seine Eltern sehr schmerzhaft ist – er konfrontiert sie ja mit ihrem verdrängten Pol – und er daher niemals von ihnen Anerkennung dafür bekommen wird.

Denn seine Eltern konnten, da sie die geistige Welt ja nie kennen gelernt haben, nicht souverän auf ihn und seine Veranlagung reagieren und etwa folgende Meinung vertreten: »Unser Sohn soll es einmal besser haben als wir. Aufgrund seiner anderen Veranlagung kann es sein, dass er sich später einmal nicht mehr wie wir die Hände schmutzig machen muss.« Oder: »Unser Sohn hat offenbar geistige Interessen. Da die Fachrichtung Psychologie an einer staatlichen Universität gelehrt wird, könnte es sein, dass da etwas dran ist. Das ist zwar etwas anderes als das, was wir machen, aber er wird dabei sicher auch Geld verdienen und damit seinen Lebensunterhalt bestreiten können, sodass er uns nicht mehr auf der Tasche liegt.«

Selbstverständlich ist hier weder die Materie noch der Geist pathologisch, sondern die Dogmatisierung eines Pols bzw. die Verdrängung des anderen. Wenn im Lebensplan oder Skript der Eltern bestimmte Fähigkeiten oder Lebensgebiete nicht vorkommen, so kann dies für das Kind eine große Chance bedeuten, diese zu erlernen oder das betreffende Lebensgebiet unvoreingenommen zu erkunden. Es kann dadurch zu mehr Ganzheit vorstoßen, vorausgesetzt, dass es nicht umgekehrt den Pol der Eltern bekämpft. Dies wäre dann der Fall, wenn – um auf obiges Beispiel zurückzukommen – Dagobert nur vergeistigt umherwandeln und die materielle Welt entwerten würde.

Noch etwas: Bei der Analyse des Antiskripts kristallisiert sich häufig heraus, dass der Betreffende seinem Vater oder seiner Mutter etwas *beweisen* will, zum Beispiel, dass er doch etwas schaffen kann oder etwas möglich ist, was seine Eltern als nicht machbar bzw. als Utopie oder Illusion betrachten.

Der eine will seinem Vater beweisen, dass man auch mit schlechten wirtschaftlichen Voraussetzungen und ohne höhere Schulbildung erfolgreich werden kann, ein anderer, dass man als freischaffender Künstler glücklicher ist als ein abgesicherter Beamter ...

Oder jemand ist zum Beispiel sehr stolz darauf, gegenüber seiner alkoholkranken Mutter den Beweis angetreten zu haben, dass man durchaus gelegentlich Alkohol trinken kann, ohne daraufhin gleich süchtig zu werden.

Ein solcher »Beweiszwang«, der oft sämtliche Lebensenergien beansprucht, kann unbewusst oder bewusst bestehen. Menschen, denen bewusst ist, dass sie einem Elternteil geradezu zwanghaft etwas beweisen wollen, können meist sowohl dieses Ziel als auch den Zustand, in dem sie nichts mehr beweisen müssen, schneller erreichen als diejenigen, die diesen Beweisdrang ins Unbewusste verdrängt haben. Letztere wehren oft vehement eine Bewusstwerdung dieser unbewussten Bestrebung ab, weil diese nicht mit ihrem Selbstbild und ihrem Selbstverständnis in Einklang zu bringen ist. Doch je länger solche Tendenzen im Unbewussten bleiben, desto länger ist gewöhnlich der Schicksalsweg – und desto weniger können die Betreffenden gezielt im Leben vorgehen.

»Wie das Schaf, so das Lamm,
wie die Werke der Mutter, so jene des Kindes.«
(aus dem Talmud)

Die Heilung der Mutter in sich selbst

Aufgrund der individuellen Zeugungssituation stehen im Leben jedes Menschen jeweils andere Themen im Vordergrund. Neben der Heilung der Zeugungssituation als solcher gehört die Heilung der Mutter zu den wichtigsten Aufgaben. Das, was die Mutter selbst bewältigt hat, was sie zum damaligen Zeitpunkt an Stärken, Anlagen und Fähigkeiten bereits entwickelt hatte, stellt für das Kind eine wertvolle Mitgift dar, meist wertvoller als große Geldbeträge oder Immobilienbesitz. Doch das, was die Mutter damals an unbewältigtem »Material«, an Konflikten, Schwierigkeiten, Unfähigkeiten und Verdrängungen, kurzum, an Unerlöstem mit sich herumschleppte, muss vom Kind »geheilt« werden. Dabei ist nicht entscheidend, wie die Mutter heute ist und wie sie heute ihr Leben meistert, sondern entscheidend ist der Status, in dem sie sich zum Zeitpunkt der Zeugung befand. Aus diesem Grund bekäme ein Kind, wenn es früher oder später gezeugt worden wäre, ganz andere Themen für sein Leben, nämlich diejenigen, die seine Mutter zu dieser anderen Zeit beschäftigten.

Mancher wird nun fragen: »Wieso soll ich dafür zuständig sein, die damaligen Probleme meiner Mutter zu lösen? Was kann ich denn dafür? Ist das nicht ihr Bier?«

Doch die sich entwickelnde Birne kann auch nicht sagen: »Was interessieren mich die Probleme des Birnbaumes?«, denn sie ist mit diesem verwoben und kann sich daraus nicht einfach herausnehmen!

Außerdem sind die Probleme der Mutter häufig nicht nur

abstrakt ihre ureigenen, sondern resultieren aus dem Milieu, aus dem sie kommt bzw. aus der Zeitepoche, mit der ebenso bestimmte Problemstellungen und Konflikte verbunden sind.

In diesem Zusammenhang sei noch einmal betont, dass es nicht darum geht, die real existierende Mutter zu heilen, sondern *die Mutter in sich selbst.*

Um besser verstehen zu können, wie eine Heilung der Mutter in sich selbst erfolgen kann, sei hier zunächst ein Fall vorgestellt, bei dem die Mutter nicht geheilt werden konnte. Dann werden wir darauf eingehen, was die betreffende Person hätte tun müssen, um eine Heilung in die Wege zu leiten.

Lieselotte K. gehörte zu den ersten Frauen in Deutschland, die sich für den Feminismus engagierten. Bei ihr bestand eine große Diskrepanz zwischen Schein und Wirklichkeit. Lieselotte war auf vielen Feldern des Lebens unselbstständig, teilweise sogar hilflos. Sie traute sich nicht, alleine ein Lokal zu betreten, wagte es nicht, bei Behörden vorzusprechen und war selbst bei nichtigen Anlässen oft nervös und angespannt. Dennoch war sie felsenfest davon überzeugt, emanzipiert zu sein.

Im Alter von fünfunddreißig Jahren schlief sie mit einem fünfundzwanzig Jahre älteren Mann und wurde daraufhin schwanger. Es gab im Wesentlichen folgende zwei Gründe, warum sie sich auf diesen Mann einließ:

1. Sie vertrat die Ansicht, dass ein so alter Mann in ihrem Sinne funktionieren würde und er jeden Tag dafür dankbar sein müsse, eine so junge Frau zu haben.
2. Sie meinte, weil dieser Mann in wirtschaftlich guten Verhältnissen lebte, konnte durch diese Beziehung ihre eigene Finanzmisere endlich beendet werden.

Die Ehe mit diesem Mann endete in einem Desaster. Als Lieselottes Tochter Johanna erwachsen wurde, stieg sie in die Fußstapfen ihrer Mutter. Auch sie lebte nur eine Pseudoemanzipation, das heißt, sie sprach ständig nur von Emanzipation, ohne aber je danach zu handeln oder einen echten Befreiungsprozess zu vollziehen. Auch sie hatte mit Männern große Schwierigkeiten und begann zu guter Letzt aufgrund wirtschaftlicher Schwierigkeiten ein Verhältnis mit einem Mann, der ihr wenig bedeutete.

Wir haben es hier mit einem klassischen Wiederholungszwang zu tun, denn Johanna vermochte ihre Mutter in sich selbst nicht zu heilen.

Was hätte sie tun müssen, um eine Heilung zustande zu bringen?

Sie hätte sich im wirklichen Sinne emanzipieren müssen. Echte Emanzipation bedeutet: sich aus Abhängigkeitsverhältnissen befreien, unabhängig werden, mündig werden, mehr Gleichberechtigung erlangen, aber auch Pflichten übernehmen und Verantwortung tragen.

Damit Freiheit und Unabhängigkeit in der Psyche etwas Gewachsenes und nicht etwas Aufgesetztes sind, müssen vorher verschiedene Entwicklungsprozesse durchlaufen werden.

Johanna hätte demnach insbesondere folgende Fähigkeiten ausbilden bzw. trainieren müssen, um ihre Mutter in sich selbst zu heilen: Durchsetzungsfähigkeit, die Fähigkeit zu Initiative und Wagemut, wirtschaftliche Fähigkeiten, Handlungsfähigkeit, die Fähigkeit zu Selbstständigkeit, die Fähigkeit, eigene Ziele zu formulieren und zu verwirklichen – und vor allem die Fähigkeit, das eigene Leben bewusst zu gestalten.

Viele Frauen sagen: »Ich möchte nie so werden wie meine Mutter«. Dennoch schlagen sie schnurstracks den Weg ihrer Mutter ein und wiederholen so deren Schicksal. Dabei ist oft lediglich die Symbolebene eine andere und die Mitspieler im Schicksalstheater tragen andere Namen. So besteht zum Beispiel die Tendenz, dass unehelich geborene Frauen ihrerseits uneheliche Kinder zur Welt bringen oder Scheidungskinder sich häufig selbst scheiden lassen. Jede Frau, die mit dem Fühlen, Denken, Verhalten und Tun ihrer Mutter nicht ganz einverstanden ist, sollte sich also fragen: »Was muss ich tun, um nicht so zu werden wie meine Mutter?« Und entsprechend jeder Mann: »Was muss ich tun, um nicht so eine Frau wie meine Mutter als Partnerin zu bekommen?«

Nehmen wir einmal den Fall von Inge E. Inges Mutter Ulla war eine rechtschaffene Frau, die sich – wie sie sagt – noch nie etwas zu Schulden hatte kommen lassen. Ihr Ehemann Hugo durfte erst nach der Hochzeit Sex mit ihr haben. Sie lebte primär ein Leben für andere Leute. Entscheidend für sie war immer, was »die Leute« sagen. Um bei anderen als anständig, edel und gut zu gelten, verleugnete sie ihr eigenes Selbst. Ihre

Ehe mit Hugo war sehr unglücklich. Aufgrund all dieser Umstände war sie permanent frustriert und unzufrieden. Eines Tages kam ihr der Gedanke, dass sie vielleicht nur deshalb unglücklich ist, weil sie kein Kind hatte. Sie hatte genaue Vorstellungen, wie ihr Kind werden sollte. Wenn es ein Mädchen werden würde, dann sollte es genauso werden wie sie, falls sie einen Jungen zur Welt brächte, dann sollte er strebsam, ehrgeizig, fleißig und erfolgreich werden. Kurze Zeit danach wurde sie schwanger und gebar schließlich genau zu dem vom Arzt errechneten Zeitpunkt die kleine Inge. Im Laufe der Jahre merkte sie immer mehr, dass ihre Tochter ihre Erwartungshaltungen in keiner Hinsicht erfüllte. Aufgrund dessen wurde Ulla immer ungehaltener und schlug oft wie wild auf ihre Tochter ein. Nach Inges siebzehntem Geburtstag ereigneten sich in der Familie oft tumultartige Szenen. Erst durch Inges Auszug aus der elterlichen Wohnung kehrte wieder Ruhe ein.

Wie kann Inge ihre Mutter in sich heilen?

Hier ist weder angesagt, das Trauma, das Inge mit ihrer Mutter erlitten hat, wieder zu erleben, also in den damals empfundenen Schmerz »hineinzugehen«, noch einfach der Mutter zu verzeihen und sich zu sagen, dass sie damals eben nicht anders handeln konnte, sondern *es geht in diesem Fall darum, die Ursachen für das Fehlverhalten der Mutter aufzuspüren,* das so genannte rechtschaffene Leben als Lebenslüge zu begreifen und die Weichen in ihrem Leben neu zu stellen.

Die Frage, die sich Inge stellen müsste, wäre: *»Welche Defizite, Unfähigkeiten und Verdrängungen haben meine Mutter dazu gebracht, ein so langweiliges und unglückliches Leben zu führen, solche Erwartungshaltungen an mich zu hegen und mich wegen ihrer Nichterfüllung derart schlecht zu behandeln?«*

Um ihre Mutter in sich selbst zu heilen, muss Inge davon Abstand nehmen, dem Trampelpfad der Herde zu folgen, so zu leben wie andere es von ihr erwarten oder es gerne hätten, sondern ja sagen zur eigenen Identität und den Weg dorthin allen Unkenrufen zum Trotz konsequent gehen. Hierfür sind allerdings Fähigkeiten erforderlich, die ihrer Mutter fehlten, insbesondere Durchsetzungsfähigkeit, rhetorische Fähigkeiten und die Fähigkeit, eine Vorstellung zu entwickeln, wie sie leben möchte.

Die Heilung des Vaters in sich selbst

Während die Mutter die Aufgabe hat, in erster Linie durch ihr Beispiel ihr Kind mit der Natur des Weiblichen vertraut zu machen, besteht die Aufgabe des Vaters unter anderem darin, dem Kind die Welt des Männlichen zu vermitteln.

Allerdings ist der Einfluss der Mutter auf ihr Kind gewöhnlich größer, nicht zuletzt deshalb, weil das Kind seine entscheidende Prägung durch das Fühlen und Denken seiner Mutter erfährt, denn es wächst in ihrem Leib heran, kommt aus ihr zur Welt und wird im Allgemeinen primär von ihr erzogen.

Der Vater hat während der Schwangerschaft und meist auch später eher sekundären Einfluss auf das Kind, und zwar insofern, als er die Stimmungslage der Kindsmutter durch sein Fühlen, Denken und Handeln mitbestimmt.

Kann er dieser Zärtlichkeit, seelische Wärme, Schutz und Sicherheit geben und angenehme Rahmenbedingungen bieten, wirkt er harmonisierend auf ihr Seelenleben ein, was dann wiederum auch ihrem Kind zugute kommt.

Die Schwierigkeit liegt nun darin, dass das subjektive Bild, wie die Mutter den Kindsvater zum Zeitpunkt der Zeugung empfunden, eingeschätzt und erlebt hat, Teil der Prägung des Kindes wird. In dieser Hinsicht darf man also den Einfluss des Vaters keinesfalls unterschätzen. Ob es dem Kind später allerdings gelingt, den Vater realistisch zu sehen, steht auf einem anderen Blatt.

Die Heilung des Vaters in einem selbst lässt sich auf dieselbe Weise zustande bringen wie die Heilung der Mutter in sich selbst, nämlich

- durch die Ausbildung von Anlagen und Fähigkeiten
- durch Kompensation

- durch den Gegenpol
- durch die Erfüllung seiner Wünsche
- durch die Erfüllung seiner Vorstellungen
- durch einen Milieusprung
- durch die Umpolung des Gewissens (was mit einer Bewusstseinserweiterung verbunden ist).

»Bevor wir recht wissen, was Leben heißt,
ist es schon halb vorbei.«
(englisches Sprichwort)

Unbewusste Vereitelung der Heilung

Für viele Menschen ist es nicht möglich, den Vater oder die Mutter in sich selbst zu heilen, weil sie deren Anlagendefizite aufweisen sowie deren falsche Glaubenshaltungen und antiquierte Moralvorstellungen übernommen haben. Infolgedessen erleben sie auch dieselben Konflikte und Schwierigkeiten wieder, mit denen sich schon ihre Eltern herumgeschlagen haben. In solchen Fällen wird gewöhnlich ständig gejammert und lamentiert. Man verliert dabei weitere wertvolle Lebenszeit, die man für eine konstruktive Lebensgestaltung dringend bräuchte. Ganz abgesehen davon, dass dadurch auch die Menschen im eigenen Umfeld belastet werden und ebenfalls von ihrem Lebensglück abgehalten werden.

Nehmen wir den Fall Ralph Z. Dieser wurde in einer Situation gezeugt, in der sein Vater beruflich große Schwierigkeiten hatte und unter seiner Erfolglosigkeit sehr litt. Aufgrund dieser Prägung sucht Ralph bis heute immer nur Umstände auf, in denen sein Erfolg vereitelt wird. Er ist der Ansicht, dass er vom Pech verfolgt würde und jammert deshalb seiner Partnerin und seinen Freunden die Ohren voll. Ralph wird so lange kein Glück haben, solange er nicht eruiert hat, warum sein Vater damals erfolglos war. Er muss herausfinden, welches Fehlverhalten, welche ungünstige Eigenschaft oder welcher Mangel für dessen Erfolglosigkeit verantwortlich war und genau die Fähigkeiten entwickeln, die sein Vater damals gebraucht hätte. Auf diese Weise würde der »Saboteur« in seinem Unbewussten schachmatt gesetzt, was zur Folge hätte, dass keine Affinität mehr mit äußeren Blockaden bestünde; denn diese waren ja nichts anderes als unbewusste Projektionen seines inneren Saboteurs. Erst dann wäre auch sein Unbewusstes davon überzeugt, ein Recht auf Erfolg zu haben.*

Andere wiederum fühlen sich entsprechend ihrer Zeugungssituation stets angegriffen, entwertet oder seelisch verletzt. Magisch suchen sie in der Außenwelt immer wieder Situationen auf, in denen so etwas geschieht. Das geht so weit, dass manche ständig um oder für etwas kämpfen wollen und andere immer wieder einen Grund finden, um sich ausgestoßen und isoliert zu fühlen. Bestimmte Situationen werden so uminterpretiert, dass sie der eigenen ungünstigen Prägung entsprechen. Man fasst zum Beispiel eine Äußerung des Partners oder eines Mitmenschen so auf, dass man sich wieder entwertet oder ausgestoßen fühlen kann. Die Betreffenden betreiben eine Vogel-Strauß-Politik und sind nicht bereit, etwas dazuzulernen. Sie nehmen nur solche Informationen auf, die ihre falsche Glaubenshaltung bestätigen. Oder: Sie wollen dem anderen gar nicht glauben, dass er gar nicht vorhatte, sie zu verletzen, weil sie die (vermeintliche) Kränkung dringend für ihr Skript brauchen. Sie streben gar keine Lösung an, sondern wollen partout in ihrem subjektiven Leid bleiben. Sie gehen gleichsam immer im Kreis. Sie setzen alles daran, um eine Heilung der Mutter oder des Vaters in sich selbst und damit auch die eigene Heilung und Erlösung zu vereiteln.

Fazit: Im Normalfall ist es aufgrund des Verhaftetseins mit der Vergangenheit nicht möglich, den Vater oder die Mutter in sich selbst ohne Hilfe von außen zu heilen. Eine neuartige Trainings-Methode, die wir später vorstellen werden, hat sich dabei auf Anhieb als überaus erfolgreich erwiesen.

* Deshalb sind auch Affirmationen wie: »Erfolg steht mir zu«, »Erfolg ist für mich bestimmt« oder »Erfolg strömt zu mir« meist wenig effizient.

Fragen zur Selbstreflexion:

1. Welche Eigenschaften und Verhaltensmuster meiner Mutter habe ich übernommen?
2. Welche Eigenschaften und Verhaltensmuster meines Vaters habe ich übernommen?
3. Was hat meine Mutter zu der Zeit, als ich gezeugt wurde, in ihrem Leben nicht geschafft, was ich mit meinem Schicksal austragen muss?
4. Was konnte mein Vater damals nicht bewältigen, was heute zu meinem Schicksal geworden ist?
5. Inwieweit und auf welchen Gebieten lebe ich den Gegenpol zu meiner Mutter?
6. Inwieweit und auf welchen Gebieten lebe ich den Gegenpol zu meinem Vater?
7. Wie wirkt das Gesetz des Ausgleichs bei mir und meiner Herkunftsfamilie über Generationen hinweg?
8. Welches Lebensgebiet oder welche Anlage haben meine Eltern dogmatisiert oder aufs Podest gehoben?
9. Haben mein Vater oder meine Mutter ein Lebensgebiet ignoriert, nicht zugelassen oder verdrängt?
10. Inwieweit wirkte sich die Ausklammerung eines Lebensgebietes oder eine mangelhaft entwickelte Anlage meines Vaters oder meiner Mutter auf mein persönliches Leben aus?

»Wünsche können nur sein, wo Hoffnungen sind.
In jedem Wünschen ist schon ein Schimmer von Glück.«
(Hans Margolius)

Heilung durch Erfüllung eines Wunsches der Mutter oder des Vaters

Ein weiterer Mosaikstein zur inneren Heilung ist es, bestimmte Wünsche und Träume, die die Mutter und der Vater zur Zeit der Zeugung hatten, zu erfüllen.

Dabei gilt es, zwischen realen oder realistischen und neurotischen Wünschen zu unterscheiden.

Reale oder realistische Wünsche sind – wie der Name schon sagt – realisierbar. Sie entspringen der ersten Natur eines Menschen und ihre Erfüllung ist immer mit einer echten Verbesserung der Lebensqualität verbunden – sei es, dass grundlegende menschliche Bedürfnisse wie Zärtlichkeit, Geborgenheit, seelische Wärme, Liebe oder Freiheit gestillt werden oder sei es, dass die passenden Formen (zum Beispiel eine Wohnung nach dem eigenen Geschmack) für eigene Inhalte geschaffen werden bzw. dass dadurch die eigene Identität komplettiert wird.

Neurotische Wünsche hingegen sind Wünsche auf einem Nebenfeld des Seins. Sie entstehen aufgrund eines Defizits an Eigenwert und sind entweder nicht realisierbar wie etwa der Wunsch nach Allmacht oder die Freude über deren Erfüllung währt nicht lange. Meist keimen nach kurzer Zeit wieder neue Wünsche auf, die wieder befriedigt werden wollen: ein Fass ohne Boden. Neurotische Wünsche bringen den Einzelnen in seiner Entwicklung und Reifung nicht vorwärts. Außerdem sind sie häufig abhängig von der jeweiligen Mode oder Zeitströmung, während reale Wünsche einen zeitlosen Charakter haben.

Manchmal kann nicht sofort festgestellt werden, ob es sich um einen realen oder irrealen Wunsch handelt. In diesen Fällen ist immer entscheidend, aus welcher Motivation heraus jemand einen solchen Wunsch entwickelt hat. Wünschte sich ein Vater ein Haus, um dadurch an Status und Prestige zu gewinnen oder um für sich und für seine Familie mehr Platz zu haben und mehr Geborgenheit schaffen zu können?

Weshalb hat sich damals dieser Wunsch nicht erfüllt?

Ging es nicht aus wirtschaftlichen Gründen?

Wenn ja, dann stellt sich für dessen Kind die Frage, ob es in seinem Leben den väterlichen Mangel an wirtschaftlichen Fähigkeiten beheben und dadurch den Vater in sich selbst heilen kann oder ob es dazu verdammt ist, im unbewussten Wiederholungszwang ebenso von einem Häuschen im Grünen zu schwärmen, ohne dass jemals Aussicht auf Erfüllung dieses Traumes bestünde.

Vielfach ist ein Wunsch nur erfüllbar, wenn man wagt, eine Norm oder ein Tabu zu durchbrechen. Nehmen wir den Fall einer Frau, die sich nichts sehnlicher wünschte als eine Hausangestellte. Wenn dieser Wunsch zeitlebens nie in Erfüllung ging, sollte man dies nicht einfach als Zufall oder Pech abtun, denn es gibt dafür nachvollziehbare Gründe. Abgesehen von finanziellen Defiziten können bei der Frau folgende Ursachen eine Rolle gespielt haben:

- Armutsbewusstsein (Das kann selbst bei guten wirtschaftlichen Verhältnissen auftreten.)
- die Angst, als faul oder als nicht tüchtig genug zu gelten
- die Angst, andere könnten sie als hochnäsig oder »elitär« bezeichnen (Lieber möchte man angepasst sein und zu der Schicht gehören, von der man abstammt.)
- der Glaube, man müsse zu den oberen Zehntausend gehören, damit einem eine Hausangestellte zusteht
- die Angst, durch eine Hausangestellte könnte die Intimi-

tät der Familie verletzt werden (Häufig besteht hier die Meinung, man könne sich in Anwesenheit von Personal nie gehen lassen, könne nie so sein, wie man wirklich ist.)
- zu wenig Selbstbewusstsein
- Mangel an unternehmerischen Fähigkeiten (In diesem Fall fällt es schwer, Anordnungen zu treffen und Aufgaben zu delegieren. Daher würde manche Frau, wenn sie eine Hausangestellte hätte, dieser bei der Arbeit helfen. Sie würde es nie wagen, in der Zeit der Anwesenheit des Personals eigenen Zielen nachzugehen oder gar sich ein schönes Leben zu machen, zum Beispiel auf der Terrasse zu relaxen oder ein Buch zu lesen.)

Hier wird deutlich: Um sich einen solchen Wunsch zu erfüllen und dadurch die Mutter in sich selbst zu heilen, ist großer Mut erforderlich.

Es ist der Mut, das Fühlen und Denken des Milieus, aus dem man kommt, infrage zu stellen, alte Maßstäbe, Normen und Tabus zu brechen, Anlagen und Fähigkeiten, die in der Herkunftsfamilie nicht zum Tragen gekommen sind, nachreifen zu lassen, kurzum, ein völlig anderer Mensch zu werden als der, der man werden sollte.

Ohne diese entscheidenden Entwicklungsschritte ist es also meist nicht möglich, sich Wünsche dieser Art zu erfüllen. Innerhalb des alten Gedankengebäudes stellt jeder Verwirklichungsversuch ein fast aussichtsloses Unterfangen dar.

Fragen, die man sich in diesem Zusammenhang stellen könnte:

1. Welchen Wunsch oder welchen Traum hatte meine Mutter bzw. mein Vater in der Zeit vor, während und kurz nach meiner Zeugung?
2. Handelte es sich dabei um einen realistischen oder um einen neurotischen Wunsch?
3. Warum konnte dieser Wunsch damals nicht realisiert werden?
4. Welche äußeren Umstände verhinderten die Wunschrealisation?
5. Welche Anlagen und Fähigkeiten waren zu wenig ausgebildet oder fehlten gänzlich, um eine Wunscherfüllung in den Bereich des Möglichen zu rücken?
6. Welche Glaubenshaltungen verhinderten eine Wunscherfüllung?
7. Ist es mir möglich, diese falschen Glaubenshaltungen abzulegen und zu einem neuen Denken vorzustoßen?
8. Wie müsste ein solches neues Denken aussehen?
9. Was hindert mich daran, einen Milieusprung zu schaffen?
10. Welche Strategie kann ich anwenden, um reale Wünsche meiner Mutter bzw. meines Vaters zu erfüllen?

»Wen immer wir lieben, in dem haben wir unsere eigene Seele im höchsten Sinn gefunden.«
(Rabindranath Tagore)

Das Vater- und Mutterbild und deren Auswirkungen auf die Partnerschaft

Jeder hat eine bestimmte Vorstellung, wie sein Partner aussehen und welche Eigenschaften dieser aufweisen soll. Das trifft auch für diejenigen zu, die von sich behaupten, keine bestimmte Vorstellung von ihrem zukünftigen Partner zu haben. Wenn dies zuträfe, könnten sie ja jeden als Partner annehmen. Da sie dies offensichtlich nicht tun, sondern ihre Partner wie alle anderen auch nach bestimmten Kriterien auswählen, ist klar, dass auch sie im Unbewussten ein spezifisches Partnerbild beherbergen.

Wenn wir davon ausgehen, dass jeder ein ganz bestimmtes Bild von seinem Partner in seiner Psyche beherbergt, können wir die Frage aufwerfen, woher dieses Bild kommt. Es liegt auf der Hand, dass es sich dabei um das Vater- oder Mutterbild handelt. Dieses Bild kann mit dem realen Vater bzw. der realen Mutter übereinstimmen, aber auch nur die subjektive Sichtweise oder subjektive Interpretation des Betreffenden widerspiegeln. Oder – was noch viel häufiger ist – es hat sich ein Gegenbild herauskristallisiert, quasi ein verbessertes Vater- oder Mutterbild. Dies ist insbesondere dann der Fall, wenn man mit der Art und Weise, wie Vater oder Mutter waren, nicht einverstanden war und deshalb geistig den betreffenden Elternteil mit anderen, oft entgegengesetzten Attributen ausgestattet hat. Etwa, wenn eine Frau, die unter ihrem autoritären Vater gelitten hat, sich unter einem idealen Partner einen sanften und braven Mann vorstellt, oder ein Mann, der sich wegen der rustikalen Art und der ordinären Ausdrucksweise seiner Mutter geschämt hat, eine gebildete und differenziert sprechende Frau als Partnersuchbild entwickelt.

Heilung durch die Anziehung eines passenden Partners

Entweder man findet die Welt der Eltern in Ordnung, weil man ähnlich fühlt und denkt oder ähnliche Moralvorstellungen wie sie hat oder man hat den Drang, Vater und Mutter zu verbessern. Häufig geschieht dies – wie wir gesehen haben – über den Gegenpol bzw. über ein **Antiskript**. Dabei ist es nicht nur so, dass der Einzelne selbst ein solches Antiskript entwickelt und lebt, sondern oft auch von seinem Partner erwartet.

So gibt es im Falle einer Frau vier verschiedene Konstellationen:

1. Die Frau ähnelt im Verhalten, Fühlen und Denken ihrer Mutter, sie übernimmt also deren Skript und geht mit ihrem inneren Vaterbild auf Partnersuche. Hier ist sie mit beiden Elternteilen weitgehend einverstanden und im Einklang.
2. Die Frau ist ihrer Mutter ähnlich, entwickelt aber zu ihrem Vater ein Gegenbild. Das bedeutet, dass sie mit ihrer Mutter weitgehend übereinstimmt, aber ihren Vater als verbesserungsbedürftig ansieht.
3. Die Frau entwickelt ein Antiskript zum Skript ihrer Mutter, findet aber ihren Vater gut und vergleicht jeden potentiellen Partner mit ihrem inneren Vaterbild. Das bedeutet, dass sie ihre Mutter nicht passend für ihren »guten« Vater findet.
4. Die Frau entwickelt ein Antiskript zu dem Skript ihrer Mutter und ein Gegenbild zu ihrem Vater. In diesem Fall war sie also mit beiden Elternteilen unzufrieden.

Aufgrund der Geschlechtsidentifikation lebt eine Frau sowohl das Skript als auch das Antiskript ihrer Mutter selbst, während sie das Skript oder Antiskript ihres Vaters bei ihren Partnern sucht. Es kommt selten vor, dass sie das Skript oder Antiskript ihres Vaters übernimmt und selbst leben will.

Entsprechend übernimmt ein Mann eher das Skript seines Vaters oder versucht, ein Antiskript zu dessen Skript zu leben, als dass er sich am Lebensplan seiner Mutter oder an dessen Gegenteil orientiert. Er wird mehr das Bild seiner Mutter oder ihr Gegenbild in der Partnerschaft suchen bzw. auf seine jeweilige Partnerin projizieren.*

Im Falle eines Mannes ergeben sich demzufolge entsprechende Konstellationen:

1. Der Mann ähnelt im Verhalten, Fühlen und Denken seinem Vater, übernimmt also dessen Skript und geht mit seinem inneren Mutterbild auf Partnersuche. Hier ist er mit beiden Elternteilen weitgehend einverstanden und im Einklang.
2. Der Mann ist seinem Vater ähnlich, entwickelt aber zu seiner Mutter ein Gegenbild. Das bedeutet, dass er mit seinem Vater weitgehend übereinstimmt, aber seine Mutter für verbesserungsbedürftig hält.
3. Der Mann entwickelt ein Antiskript zum Skript seines Vaters, findet aber die Mutter gut und vergleicht jede potentielle Partnerin mit seinem inneren Mutterbild. Das bedeutet, dass er seinen Vater als unpassend für seine »gute« Mutter betrachtet.
4. Der Sohn entwickelt ein Antiskript zum Skript seines Vaters und ein Gegenbild zum Bild seiner Mutter. In diesem Fall können wir also davon ausgehen, dass er mit beiden Elternteilen unzufrieden gewesen ist.

Aufgrund der Einteilung in obige vier Konstellationen lässt

* Ist jedoch bei ihm eine besonders große Vaterproblematik vorhanden, kann diese auch über dessen Lebenspartnerin erfahren werden. Und wenn eine Frau massive Probleme mit ihrer Mutter hatte, können ihre Partner manchmal auch die Rolle ihrer Mutter übernehmen.

sich bereits in groben Zügen der Schicksalsweg einer Frau (und analog dazu auch der eines Mannes) in der Partnerschaft prognostizieren.

Zu 1.: Die Frau wird später in der Partnerschaft ein ähnliches Schicksal wie ihre Mutter haben.
Zu 2.: Die Frau wird in der Partnerschaft immer wieder vor große Probleme gestellt. Entweder zieht sie Männer an, die ihrem Vater ähneln, was für sie mit großen seelischen Schmerzen verbunden ist. (In diesem Fall sollte sie sich bewusst machen, dass sie – genauso wie ihre Mutter – diesen Partnertypus »verdient« hat.*) Oder sie projiziert ihr Gegenbild vom Vater auf die Männer, was in der Regel über kurz oder lang zu herben Enttäuschungen führt, da jeder Mann ein Individuum ist und nicht nur deshalb inkarniert wurde, um dem Gegenbild zu ihrem Vater zu entsprechen.

Manche Frauen mit dieser Konstellation versuchen oft über Jahre hinweg, ihren Partner so zu erziehen, dass er deckungsgleich mit diesem Gegenbild wird und kämpfen dafür leidenschaftlich – ein aussichtsloses Unterfangen.
Zu 3.: Die Frau kann hier dreierlei Schicksal haben:
War ihr Vaterbild realistisch, zieht sie einen ähnlichen Partner an und wird mit diesem glücklich. War ihr Vaterbild irreal, muss es über partnerschaftliches Schicksal korrigiert werden, was nicht immer einfach zu verkraften ist. Oder aufgrund ihres Antiskripts zur Mutter zieht sie einen Typus von Mann an, der sich grundlegend von ihrem Vater unterscheidet.
Zu 4.: Die Frau steht in diesem Fall vor der schwierigsten Aufgabe. Die große Frage, die sich hier stellt ist, ob das Antiskript zu ihrer Mutter zu dem Antiskript zu ihrem Vater passt oder – anders ausgedrückt –, ob die Personifikation des Gegenbildes zur Mutter mit der Personifikation des Gegenbildes zum Vater je eine Partnerschaft eingehen kann.

* siehe hierzu: Hermann Meyer: Jeder bekommt den Partner, den er verdient; Trigon-Verlag, München

Grundsätzlich lässt sich hier feststellen: Je irrealer das Gegenbild zu ihrer Mutter ist, bzw. je weniger sie als Frau einem Mann bieten kann, desto unwahrscheinlicher ist es, dass sie mit einem Mann glücklich werden wird.

Klaffen bei ihr jedoch Anspruch und Wirklichkeit nicht allzu weit auseinander, kann sie trotz dieser schwierigen Konstellation einen passenden Partner finden, mit dem eine gute Beziehung möglich ist.

Der partnerschaftliche Schicksalsweg, der hier kurz dargestellt wurde, setzt voraus, dass die Reinform der Übernahme des Skripts oder des Antiskripts dazu vorliegt. Wenn manche Teile von der Mutter übernommen und andere abgelehnt und daher verbessert werden sowie bestimmte Eigenschaften, Anlagen und Verhaltensweisen des Vaters gutgeheißen und andere durch den Gegenpol geheilt werden sollen, wird die Situation etwas komplexer. In einem solchen Fall wird eine neue Mutter oder ein neuer Vater geistig »zusammengebastelt«, die bzw. der noch aus Beständen der real existierenden Mutter bzw. des real existierenden Vaters besteht.

Grundsätzlich lässt sich jedoch sagen, dass bei den meisten Menschen die Tendenz besteht, die Eltern zu verbessern.

Jeder versucht im Laufe der Zeit nach und nach alle Aspekte in seinem Leben zu verbessern: seine Wohnsituation, seine Partnerbeziehung, seine berufliche Karriere... Jeder strebt bewusst oder unbewusst danach, immer kompletter zu werden, immer mehr von seiner eigenen Identität auszudrücken.

Die Verwirklichung der eigenen Identität ist dann gelungen, wenn die positiven Elemente der eigenen Zeugungssituation wiederhergestellt, die negativen positiv umgeschrieben und die Probleme und Konflikte, die zur Zeit der Zeugung vorherrschten, gelöst sind. Dies wiederum geschieht insbesondere dadurch, dass man seinen Vater und/oder seine Mutter verbessert.

Da an der eigenen Zeugung zwei Menschen, nämlich Mutter *und* Vater beteiligt waren, ist es kaum möglich, die eigene Identität *alleine* zu verwirklichen. Aus diesem Grunde sollte das Singledasein nur eine vorübergehende Phase der Kontemplation und Erneuerung und kein Dauerzustand sein. Denn wie soll eine Person auf sich allein gestellt all diese Aufgaben bewältigen? Der Part, den der Partner in diesem Lebenstheaterstück zu spielen hat, bleibt ja sonst für immer unverwirklicht. Doch was kann man tun, um den richtigen Partner anzuziehen? Im Grunde genommen ist dies ganz einfach und ist bereits angeklungen. Aber es muss aufgrund der enormen Tragweite hier besonders herausgestellt werden:

Wenn eine Frau eine bestimmte Vorstellung von ihrem Traummann (= meist verbesserter Vater) hat, dann muss sie selbst die adäquate Partnerin für diesen Mann sein, den sie sich wünscht.
Und: Wenn ein Mann einen bestimmten Typus von Traumfrau (= meist verbesserte Mutter) sucht, dann muss er selbst als der passende Partner für diese Frau in Erscheinung treten.

Nur wer ein gutes Angebot unterbreitet, kann mit einer entsprechenden Nachfrage rechnen, das heißt, es besteht erst dann die Chance, dass ein Partner in sein Leben tritt, der seinem Suchbild entspricht. Insofern verhält es sich bei der Partnerwahl so ähnlich wie in der freien Wirtschaft, wo durch Angebot und Nachfrage der Markt reguliert wird.

Nehmen wir den Fall von Margarete N.: Bei ihrer Zeugungssituation tauchten viele Probleme auf, die auf die unzureichende Bildung, die Redehemmung und die sexuelle Verklemmtheit ihrer Mutter zurückzuführen waren. Aufgrund widriger Umstände hat sie jedoch ihre Mutter in sich selbst nicht verbessern können. Ihr verbessertes Vaterbild (ihr Vater war klein und schmächtig) sieht folgendermaßen aus: Sie sucht einen großen, breitschultrigen, erfolgreichen Arzt, der ihr auch bei der Hausarbeit und der Kindererziehung hilft und der so wie sie begeistert Rollerskate fährt.

Aufgrund ihrer drei Mankos, die sie von ihrer Mutter übernommen hat, besteht eher die Tendenz, einen Mann anzuziehen, der demjenigen ähnlich ist, den ihre Mutter angezogen hat, als den Mann ihrer Träume. Vielleicht findet sie einen, der mit ihr Rollerskate fährt, aber dann wird er sicher nicht all die anderen Attribute aufweisen, nach denen sie bei einem Mann Ausschau hält.

Auch der Fall Angelina K., die in einer Trainingsgruppe ihr Schicksal schilderte, macht diese Anziehungsmechanismen deutlich:

Angelina K. (48) wurde gezeugt, nachdem ihr Vater leicht angetrunken aus einer Gastwirtschaft kam und deshalb von seiner Frau gemaßregelt wurde.

Angelina entwickelte ein Antiskript zum Skript ihrer Mutter, während sie ihren Vater als lieben und netten Mann schilderte und trotz seiner Trunksucht in Schutz nahm. Ihre Mutter hingegen verurteilte sie als kalte, dominante, kleinkarierte, undifferenzierte, sich ungehobelt benehmende, unflexible und geschmacklos gekleidete Frau. Ihrer Ansicht nach blieb ihrem Vater bei einer solchen Frau gar nichts anderes übrig, als die Flucht in den Alkohol anzutreten. Außerdem stellte sie eine gleichgeschlechtliche Konkurrenz zwischen ihrer Mutter und ihr fest, da sie Vaters Liebling war und ihre Mutter stets auf sie eifersüchtig reagierte. Als Angelina erwachsen wurde, gelang es ihr, ihre Mutter auf fast allen Lebensfeldern zu übertreffen. Angelina glaubt mit folgenden Eigenschaften und Talenten ausgestattet zu sein: warmherzig, differenziert, geschmackvoll, modebewusst, selbstständig, kosmopolitisch, unabhängig und niveauvoll. Angelina beklagt sich jedoch, dass sie in ihrem bisherigen Leben nie eine Beziehung zustande gebracht hat, die wenigstens partiell gestimmt hätte. Ihre Partner beschrieb sie als niveaulose Figuren, die kein echtes Interesse an ihr hatten, die ohne ihre Hilfe im Leben nicht zurechtkamen oder sie nur ausnutzen wollten, das heißt, sie suchten sie nur auf, um sich wärmen und verköstigen zu lassen.

Betrachtet man ihre Konstellation: Mutter nicht o.k., Vater o.k., wird klar, was sich da schicksalsmäßig abspielt. Da sie in fast allen Belangen den Gegenpol zu ihrer Mutter lebt, passt ihr »Vater« nicht mehr zu ihr. Demnach wird sie so lange Männer »unter ihrem Niveau« anziehen, bis sie ihr irreales Vaterbild berichtigt hat und sich der Tatsache bewusst geworden ist, dass sie ihre Differenziertheit sowie ihre »toughe« Art ihrem verachteten Gegenpol Mutter verdankt. Doch erst wenn sie von ihrer Rolle als perfekte Frau ablässt und auch ihre eigenen Schwächen und ihre Bedürftigkeit dem anderen Geschlecht gegenüber zu zeigen wagt, kann sie einen anderen Typus von Mann kennen lernen.

Ähnlich verhält es sich bei Carsten T. In der Zeit, in der seine Zeugung stattfand, gab es Schwierigkeiten, die aus dem Mangel an Durchsetzung, dem Mangel an selbstständigem Handeln und der Unfähigkeit seines Vaters resultierten, mit Finanzen umzugehen. Obwohl Carsten diese Defizite seines Vaters nicht auffüllen konnte, glaubt er immer noch daran, irgendwann eine »verbesserte Mutter« als Partnerin zu bekommen. Seine Mutter war dominant, derb und rustikal, schlampig, vernachlässigte den Haushalt, war unsauber und hatte keinen Sinn für Schönheit und Ästhetik. Seine Traumfrau sieht ganz anderes aus. Carsten sucht eine sanftmütige, sehr feminine, vornehme, weltgewandte, attraktive Dame, die den Haushalt gut führt, sauber und ordentlich ist und die Fähigkeit hat, ihr Umfeld schön und ästhetisch zu gestalten. Carsten wird jedoch eher eine Frau wie seine Mutter anziehen als seine Traumfrau finden. Seine Chancen, seiner »Anima« zu begegnen und mit ihr glücklich und zufrieden zu werden, sind äußerst gering.

Die Begriffe Anima (gegengeschlechtliches Seelenbild

beim Mann) und Animus (gegengeschlechtliches Seelenbild bei der Frau) wurden von dem Psychoanalytiker Carl Gustav Jung geprägt. Nach dessen Auffassung entwickeln sich die inhaltlichen Ausformungen von Anima und Animus aufgrund der Bilder von unseren Eltern, die wir in uns tragen. Wie sich das Animabild bei einem Mann inhaltlich gestaltet, ob es positiv oder negativ erscheint, hängt nach Jung wesentlich von den Erfahrungen ab, die dieser mit seiner Mutter gemacht hat. Da sich die reale Mutter vom verinnerlichten Mutterbild im Kind unterscheidet – Letzteres ist das Ergebnis einer subjektiven Erfahrung –, spricht man in der Jung'schen Psychologie vom positiven oder negativen Mutterkomplex. Die Beziehung zur Mutter gibt dem Sohn die spezifische Färbung seiner gefühlvollen Seite und prägt damit sein Animabild. Nach Jung besteht ursprünglich ein unbewusstes Gefühl des Einsseins bei Kind und Eltern. Durch die zunehmende Bewusstwerdung des Kindes wird diese Identität beendet. Aus der ursprünglichen Einheit werden die äußeren realen Eltern und das innerpsychische Elternbild. Wie wirksam Elternbilder ein Leben bestimmen können, sehen wir, wenn Söhne in die Fußstapfen ihrer Väter treten, ein Mann in seiner Frau seine Mutter sucht oder Schwiegermütter sich mit der Braut identifizieren und damit indirekt ihren Sohn heiraten. Diese Beispiele zeigen, wie tief die Identitäten von Eltern mit denen ihrer Kinder zusammenhängen.

Jung erklärt diese Phänomene durch das projizierte Anima- bzw. Animusbild. Da Anima und Animus Archetypen sind, also von Anfang an bestehen, werden sie auch von Beginn des Lebens an im gegengeschlechtlichen Elternteil gesehen, das heißt, in diesen projiziert.

Zum Zeitpunkt der Geschlechtsreife nimmt das Seelenbild der Anima bzw. des Animus Gestalt an. Damit wird das Thema des Gegengeschlechts wirksam und beansprucht verstärkt unsere Aufmerksamkeit. Durch die Konstellation der Anima kann das ursprüngliche Einheitsgefühl mit der Mutter durch eine persönliche Beziehung mit einer anderen Frau ersetzt werden. Die erste Trägerin des Seelenbildes beim Mann ist wohl immer die Mutter, später sind es diejenigen Frauen, die das Gefühl des Mannes ansprechen.* Über die Schwester oder ähnliche Bezugspersonen »wandert« es zur geliebten Frau.

Analog entwickelt sich der Animus aus dem Vaterbild, denn der Vater ist für die Tochter der erste Träger des projektionsbildenden Faktors Animus.

Mit Anima und Animus ist daher immer auch die Sehnsucht verbunden, die ursprüngliche Einheit zwischen Sohn und Mutter bzw. zwischen Tochter und Vater wiederherzustellen. Diese Sehnsucht wird bei vielen Menschen nicht gestillt, denn durch den Drang, seinen Vater, seine Mutter oder beide verbessern zu wollen, werden die ursprünglichen Seelenbilder, wie Jung sie dargestellt hat, gravierend verändert und es entsteht ein völlig anderes Anima- oder Animusbild.

Manche Menschen statten ihr verbessertes Vaterbild bzw. ihr verbessertes Mutterbild mit Eigenschaften und Verhaltensweisen aus, die sich gegenseitig ausschließen. Etwa, wenn ein Mann ein Fotomodell sucht, das sich für ihn aufopfert und das ihm dient oder wenn eine Frau einen maskulinen Mann in einer beruflichen Top-Position sucht, der ohne Murren etwa fünfzig Prozent der Kindererziehung übernimmt.

Einige haben sich mit ihrem Suchbild so »vergaloppiert«, dass man sicher sein kann, dass es in der Realität etwas Derartiges nicht gibt und auch in Zukunft nie geben wird.

Aufgrund all dieser Gesetzmäßigkeiten kann sich jeder selbst ausmalen, welches Schicksal er in seinen Partnerschaften erwirkt. Er kann überprüfen, wie das bei ihm in der Vergangenheit war, den Status quo betrachten und für die Zukunft Prognosen abgeben. Eine solche Beleuchtung des

* siehe Carl Gustav Jung: Gesammelte Werke, 7, Seite 314

partnerschaftlichen Schicksals ist nicht nur bei sich selbst, sondern auch bei anderen interessant und aufschlussreich.

Wer die Partnerschaften seiner Bekannten und Verwandten nach diesen Gesichtspunkten betrachtet, wird immer wieder dasselbe sehen: Es klafft eine Riesenkluft zwischen Anspruch und Wirklichkeit. Und: Es ist sonnenklar, warum die liebe Freundin auf Dauer keinen Mann abkriegt oder die Ehe von Müllers nicht funktioniert. Entweder können die Betreffenden aufgrund ihres Angebotes keinen passenden Partner anziehen oder ihre Erwartungen sind schlichtweg zu hoch.

Hier wird deutlich, warum Millionen Menschen vergeblich auf eine glückliche Partnerschaft hoffen. Wenn die Partnerschaft zwischen Animus und Anima in ihnen selbst nicht stimmt, kann sich auch im Außen keine erfüllende Beziehung realisieren. Es gilt also, zuerst eine innere Hochzeit zwischen Animus und Anima zu feiern, ehe man in der Außenwelt eine »Hoch-Zeit« mit einem real existierenden Partner erleben kann.

Viele fragen immer wieder: Wie soll das in der Praxis aussehen? Wie soll ich das bewerkstelligen?

Da jeder Fall anders gelagert ist, lassen sich keine pauschalen Regeln aufstellen. Auf unseren Trainingswochenenden gab es jedoch bisher noch keinen einzigen Fall, bei dem die Teilnehmer nicht spontan hätten sagen können, was dem Betreffenden fehlt und was er zu tun hätte, um für einen Menschen, der seinem Suchbild gleicht, ein adäquater Partner zu werden. Nur hat man selbst meist so viele blinde Flecke oder eine so starke Abwehr, dass man die Lösung nicht sehen kann oder nicht sehen will.

Außerdem: Wer will sich schon gerne sagen lassen, dass er derzeit keine Entsprechung mit dem gesuchten Traumpartner haben kann, weil er schwer wiegende Defizite aufweist und sich daher mit einem Partner begnügen muss, der dem eigenen Entwicklungsstand und dem eigenen Attraktivitätslevel entspricht? Aber bei manchen Menschen löst eine solche

Erkenntnis ein Umdenken aus und hat somit eine heilsame Wirkung. Diese entwickeln aufgrund dessen die Bereitschaft, bei sich selbst etwas zu verändern.

Man muss zuerst die mütterlichen und väterlichen Anteile in sich selbst so in Harmonie bringen, dass sie zueinander passen. Dadurch schafft man eine Partnerschaft zwischen Vater und Mutter in sich selbst und nach dem Gesetz »Wie innen so außen« auch die entsprechende Affinität mit einer harmonischen und glücklichen Partnerschaft in der Außenwelt (als Widerspiegelung der inneren Partnerschaft).

Fazit: Wer den Vater oder die Mutter in sich selbst heilt, hat alle Chancen, den Mann oder die Frau ihrer bzw. seiner Träume zu bekommen. Das ist das Geheimnis der richtigen Partneranziehung.

Zur Bewusstwerdung des Antiskripts zum Skript des Vaters bzw. zum Skript der Mutter kann man sich nachfolgender Aufstellung bedienen, die allerdings keinen Anspruch auf Vollständigkeit erhebt:

Eigenschaft/ Fähigkeit	Mein Vater/ meine Mutter war:	Mein Antiskript dazu sieht so aus:
Durchsetzung		
Abgrenzung		
wirtschaftlich versiert		
finanziell abgesichert		
auf Besitz bedacht		
genussfähig		
redegewandt		

informativ		
lernfähig		
kommunikativ		
einfühlsam		
seelische Wärme spendend		
zärtlich		
selbstständig		
spontan		
emotional		
unternehmerisch		
kreativ		
selbstbewusst		
analytisch		
kritikfähig		
modisch		
attraktiv		
erotisch		
harmoniebedürftig		
künstlerisch		
machtvoll		
vorstellungs-gebunden		
den eigenen Weg gehend		
religiös		
nach der eigenen Weltanschauung lebend		

an Schöngeistigem interessiert		
kosmopolitisch		
verantwortungs-voll		
die eigenen Rechte durchsetzend		
nach Moral und Konvention lebend		
konservativ		
nach einem eigenen Gesetzeskodex lebend		
intuitiv		
frei		
unabhängig		
progressiv		
Freundschaften pflegend		
emanzipiert		
Hobbys pflegend		
phantasievoll		
Hintergründe aufdeckend		
hellsichtig		
fähig, alte Be-wusst-seinshaltungen aufzulösen		
. . .		

»Ohne Persönlichkeit, gibt es keine Liebe,
keine wirklich tiefe Liebe.«
(Hermann Hesse)

Die Entwicklungsstufen in der Partnerkarriere oder: Auf dem Weg zum Traumpartner

Jeder Mensch hat den unbewussten Wunsch, seine Zeugungssituation zu heilen. Am einfachsten – so glaubt er unbewusst – ginge dies mit einem verbesserten Vater bzw. einer verbesserten Mutter. Da man selbst lange Zeit braucht, um der zu werden, der man sein will – sofern man dies überhaupt schafft – ist auch klar, dass der verbesserte Partner (=Traumpartner) nur in bestimmten Vorstufen in Erscheinung tritt; denn man zieht entsprechend der eigenen Entwicklungsstufe lediglich solche Partner (=Lebensabschnittspartner) an, die einen bestimmten Teil oder ein paar Teile des inneren Partnersuchbildes verkörpern. Der jeweilige Partner lebt diesen Teil oder diese Teile dann vor. Anfangs ist man gewöhnlich ganz begeistert von ihm, weil man diese Anteile so dringend zur Komplettierung der eigenen Zeugungssituation bzw. der eigenen Persönlichkeit braucht. Doch schon bald merkt man, dass da irgendetwas immer noch nicht stimmt. Weil man bei der Konzeption des Suchbildes keinerlei Erfahrung mit den einzelnen gesuchten Eigenschaften hatte, hat man sie sich zu verklärt oder gar allzu irreal vorgestellt und muss nun über den Partner die Realität erfahren. Oder der Partner verkörpert eine gesuchte Eigenschaft in einer dermaßen übertriebenen Form, dass sie einem nach einiger Zeit wie eine Karikatur vorkommt.

Wenn etwa Carsten T. aus dem vorherigen Kapitel tatsächlich eine vornehme Dame fände, könnte es sein, dass er zwar anfangs ganz begeistert wäre, irgendwann aber merken würde, dass die betreffende Frau immer und überall vornehm ist, also auch da, wo sie es nicht sein sollte oder auf eine Art vornehm ist, die er auf Dauer nicht ertragen könnte.

Durch die Totalität, mit der der Partner einen gesuchten Anteil verkörpert (deshalb hat man ihn ja überhaupt erst als potentiellen Partner wahrgenommen), fehlt einem dann ein anderer Anteil der verbesserten Mutter bzw. des verbesserten Vaters so sehr, dass man sich quasi ausgehungert auf einen neuen Partner stürzt, der diesen anderen Part deutlich zum Ausdruck bringt.

Hier vollzieht sich dasselbe Spiel aufs Neue. Man ist über kurz oder lang durch das Erleben der gesuchten Eigenschaft am Partner zum einen davon abgesättigt, zum anderen aber auch enttäuscht, weil der betreffende Partner den Aspekt der verbesserten Mutter bzw. des verbesserten Vaters nicht so ausdrückt, wie man es sich vorgestellt hat. Etwa, wenn Carsten T. ein andermal zwar eine saubere und ordentliche Frau findet, doch diese sich dann als so penibel herausstellt, dass er darunter zu leiden beginnt.

Kurzum, der jeweilige Partner lebt die gesuchte Eigenschaft nicht selten in einer so verzerrten oder übertriebenen Form aus, dass man eines Tages davon genug hat und sie einem auf die Nerven geht. Dadurch bekommt man aber auch die Chance zu erkennen, in welcher Art und in welcher Dosis man den jeweiligen Anteil braucht. Und noch etwas: Man glaubt jedes Mal, wenn man sich mit einem neuen Partner liiert hat, sich verbessert zu haben (One-Night-Stands oder kurze Episoden zählen hier nicht). In Wirklichkeit aber ist die Verbesserung nur dadurch bedingt, dass der neue Partner das zu leben versteht, was beim bisherigen gefehlt hat, und dass man sich noch in einer Aufbruchstimmung befindet, weshalb man davon überzeugt ist, diesmal das große Los gezogen zu haben.

Manche berichten aber auch, dass sie – wenn sie ihre »Partnerkarriere« rückblickend betrachten – sogar eine Verschlechterung erfahren haben. Eine solche wird aber nur dann erlebt, wenn man im innerseelischen Rhythmus mit einem Anteil des verbesserten Vaters oder der verbesserten Mutter in Kontakt kommt, der von einem Partner besonders pervertiert ausgelebt wird, etwa wenn sich eine Frau unter anderem bei einem Mann Durchsetzungsstärke wünscht, der Betreffende jedoch stattdessen aggressiv ist, sie bedroht oder gar schlägt.

Außerdem erscheint einem so manche Partnerschaft nur deshalb als Verschlechterung gegenüber der vorherigen, weil man sich an die Frustrationen und Missstände, die man beim letzten Partner erlebt hat, nicht mehr so genau erinnern kann.

Der oft langwierige und beschwerliche Weg über die verschiedenen Partner läßt sich entscheidend abkürzen, wenn man imstande ist, den gleichgeschlechtlichen Elternteil in sich selbst zu heilen.

Fragen, die man sich in diesem Zusammenhang stellen könnte:

1. Bei welcher der vier Konstellationen auf Seite 127 bzw. 128 finde ich mich wieder?
2. Welches Schicksal habe ich dadurch in der Partnerschaft erfahren?
3. Was könnte ich tun, um gegebenenfalls ein besseres Schicksal zu erwirken?
4. Welche Eigenschaften, Fähigkeiten und körperlichen Merkmale sollte mein Traummann bzw. meine Traumfrau haben?
5. Bin ich für einen solchen Typus der passende Partner?
6. Was muss ich tun, um den gleichgeschlechtlichen Elternteil in mir selbst zu verbessern?
7. Wie kann ich Vater und Mutter in mir selbst in Einklang bringen?
8. Welche Anteile meines Traumpartners haben meine bisherigen Partner verkörpert?
9. Zeigten sich diese in realer oder in einer verzerrten, überzogenen Form?
10. Habe ich bereits alle gewünschten Anteile in den verschiedenen Partnerschaften erlebt oder fehlen mir noch ein paar zur Komplettierung meines Traumpartners?

»Partnerwahl: Eltern haften für ihre Kinder.«
(Gerhard Uhlenbruck)

Die Zeugungssituation ist mitbestimmend für die Partnerwahl und den Verlauf einer Partnerschaft

Ein ganz wichtiger Punkt in Bezug auf Partnerschaft ist bisher noch nicht behandelt worden: Eine gute, harmonische und dauerhafte Beziehung zwischen zwei Liebenden ist nur möglich, wenn deren Zeugungssituation ähnlich oder zumindest kompatibel ist. Hingegen ist eine Beziehung langfristig gesehen zum Scheitern verurteilt, wenn die betreffenden Zeugungssituationen nicht zusammenpassen, etwa, wenn der Mann im Flugzeug gezeugt wurde und die Frau unter einer Wolldecke im Ehebett oder wenn der Mann im Freibad entstanden ist, die Frau aber in der Küche, während ihre Mutter eine Kartoffelsuppe kochte.

Doch nicht nur der Ort der Zeugung, sondern auch die Umstände, die zur Zeugung geführt haben, zum Beispiel bestimmte Empfindungen, Gefühle und Geisteshaltungen, spielen eine große Rolle und lassen bereits im Ansatz tendenziell erkennen, ob eine Beziehung Bestand hat oder nicht. Unbewusst wählt man den Partner, von dem man annimmt, dass er fähig ist, die eigene Zeugungssituation symbolisch wiederherzustellen bzw. das, was dabei ungünstig war, zu »heilen«.

Nehmen wir den Fall Elvira S. Elvira wurde in einem kleinen Urlaubsort an der Costa del Sol/Spanien gezeugt. Als Erwachsene hatte sie immer große Schwierigkeiten in ihren Partnerbeziehungen, entweder waren ihre Männer mit ihrem

Beruf verheiratet oder wollten nach der Arbeit abends ständig vor dem Fernseher sitzen, um sich Sportsendungen oder triviale Filme anzusehen. Umso mehr freute sie sich, als sie im Alter von einunddreißig Jahren Bernd A. kennen lernte, der so ganz anders war als die bisherigen Männer, mit denen sie eine Beziehung eingegangen war. Endlich glaubte sie, den »Richtigen« gefunden zu haben. Bernd A. war ein Kind der Alternativbewegung. Er trug meistens alte Sandalen, ausgebeulte Trainingshosen und verwaschene T-Shirts, deren ursprüngliche Farbe nicht mehr festzustellen war. Bernd A. war rhetorisch sehr geschickt und konnte so zu Beginn der Beziehung seine Faulheit und Arbeitsscheu gegenüber Elvira gut als Cleverness und Unangepasstheit »verkaufen«. Doch im Laufe der Zeit merkte Elvira, dass das alternative Leben gar nicht so rosig war, wie Bernd es ihr immer schilderte. Sie merkte, dass Bernds Flucht vor der Arbeit und der damit verbundene Geldmangel nichts mit ihren Vorstellungen von Ferienstimmung, Highlife und Wohlleben zu tun hatte.

Sie hoffte unbewusst, mit Bernd die Urlaubsstimmung, in der sie gezeugt wurde, wieder entstehen zu lassen. Doch sie wurde enttäuscht, als sich herausstellte, dass Bernd unfähig war, ihre Zeugungssituation symbolisch und stimmungsmäßig wiederherzustellen.

Erst als Elvira Kurt R. kennen lernte, der nach dem elterlichen Besuch des Münchner Oktoberfestes im Auto auf einem Parkplatz gezeugt wurde, erreichte sie nach einer langen partnerschaftlichen Odyssee ihren »Heimathafen«. Kurt R. (Inhaber eines großen Kfz-Betriebes) ist ein pfiffiger Bursche, der die Stimmung von »Fun und Highlife« in ihr Leben zaubern kann. Die Zeugungssituationen der beiden waren zwar – oberflächlich betrachtet – unterschiedlich, doch im Grunde genommen so ähnlich, dass hier eine dauerhafte Verbindung entstehen konnte.

Auf den ersten Blick könnte man meinen, dass Elvira, deren Leben so sehr auf Fun ausgerichtet ist, durch einen Mann, der die Arbeit aufs Podest hebt, ausgeglichen wird – einer muss ja schließlich arbeiten, um das nötige Geld dafür zu verdienen. Da Elvira jedoch auch untertags, wenn andere arbeiten, dem »Dolcefarniente« frönen will, braucht sie einen Mann mit viel Tagesfreizeit und gleichzeitig einem überdurchschnittlich hohen Einkommen. Kurt R. ist einer der wenigen Männer, der diesen hohen Ansprüchen genügt. Es kommt natürlich sehr selten vor, dass jemand so ein Glück hat wie Elvira. Meist ist es so, dass man nur deshalb über Jahre und oft Jahrzehnte hinweg bei einem Partner ausharrt, weil man immerzu unbewusst hofft, dieser würde einem vielleicht doch noch dabei helfen, die eigene Zeugungssituation symbolisch herzustellen. Erst wenn man diese Hoffnung aufgegeben und erkannt hat, dass dieser Wunsch in der betreffenden Partnerbeziehung niemals in Erfüllung gehen wird, ist man gewöhnlich bereit, sich von seinem bisherigen Partner zu trennen und nach einem neuen Ausschau zu halten.

Eine andere Beziehungsvariante liegt vor, wenn der Partner unbewusst einen ungünstigen Part innerhalb der eigenen Zeugungssituation spielt. Der Partner kann dann zum Beispiel als Spaßverderber oder Manipulator auftreten, etwa, wenn während des Zeugungsaktes etwas geschah, das die Lust reduzierte oder dabei Manipulation im Spiel war. Obwohl dann das Leben mit diesem Partner schwer und leidvoll ist, verharren viele in einer solchen Beziehung, weil sie sich dort »zu Hause« fühlen. Ihr Unbewusstes sagt sich: »Lieber ein ›schlechtes‹ Zuhause, das wir gewohnt sind, als ein ›falsches‹ oder gar keins.«

Die dritte Beziehungsvariante ist durch Kampf und Streit gekennzeichnet. Man kämpft und streitet in der Partnerschaft, weil jeder den anderen dazu bewegen will, ausschließlich die eigene Zeugungssituation symbolisch wiederherzustellen. Die Betreffenden wollen also nicht mithelfen, die Zeugungssituation ihres Partners symbolisch zu rekonstruieren, sondern möchten, dass der Partner lediglich als Erfüllungsgehilfe für die eigenen Wünsche und Träume fungiert. Aufgrund des ständigen Streits gelingt es schließlich *keinem* der Partner, auch nur irgendetwas davon zu verwirklichen.

Die vierte und beste Beziehungsvariante ist die, bei der man sich weiterentwickelt und sich deshalb schließlich trennt

a) von einem Partner, bei dem man im Stadium des Hoffens stecken geblieben ist,
b) von einem Partner, der den ungünstigen Part spielt, oder
c) von einem egoistischen Partner, der ausschließlich seine eigene Welt realisieren will.

Aufgrund des Wissens um die durch die Zeugungssituation erfolgte Prägung sucht man sich bewusst einen Partner, mit dem es möglich ist, die angenehmen Seiten der Zeugungssituation wieder zu erleben und mit dem die unangenehmen »geheilt« werden können. Dadurch bleiben einem lange Umwege und Irrwege in der Partnerschaft erspart. Man braucht nicht den beschwerlichen Weg zu gehen, sondern kann schnurstracks den leichteren betreten. Auf diese Weise vergeudet man nicht mehr viele Jahre seines Lebens mit falschen Partnern und kommt schneller ans Ziel. Das Ziel heißt, einen Partner zu finden, mit dem das Leben Spaß macht, weil man sich gegenseitig bei der Verwirklichung der sich aus der Zeugungssituation ergebenden Identität behilflich ist.

Erst dann kann man sagen, dass der Partner eine Bereicherung des eigenen Lebens darstellt, dass man zusammen stärker ist, dass man das Gefühl hat, gemeinsam die Welt aus den Angeln heben zu können.

Fragen zur Partnerschaft:

1. Steht meine Zeugungssituation komplementär zu der meines Partners oder leben wir aneinander vorbei, weil jeder von uns einen völlig anderen Weg gehen will und ganz andere Ziele im Visier hat?
2. Gibt es vielleicht doch trotz aller Unterschiedlichkeit Berührungspunkte? Wenn ja, welche?
3. Wie lange hoffe ich schon, dass mein Partner mir endlich dabei hilft, meine Zeugungssituation (symbolisch) wiederherzustellen oder das, was damals falsch gelaufen ist, zu »heilen«? Ist diese Hoffnung berechtigt?
4. Wenn nein, wäre es dann nicht besser, nach einem Partner Ausschau zu halten, der mich ergänzt und mich in meinem Persönlichkeitssystem komplettiert?
5. Spielt mein Partner einen ungünstigen Part der eigenen früheren Zeugungssituation und wenn ja, welchen? Wie kann ich diesen unangenehmen Teil der damaligen »Theateraufführung« umschreiben? Welchen Persönlichkeitsanteil bzw. welche Anlage habe ich in diesem Fall noch nicht erlöst?
6. Bin ich nur dazu da, das Drehbuch meines Partners umzusetzen? Lebe ich nur in dem »Film« meines Partners? Wie sieht es mit der Verwirklichung meines eigenen Drehbuches aus?
7. Missbrauche ich meinen Partner als Erfüllungsgehilfen, um ausschließlich meine eigene Zeugungssituation wiederherzustellen?
8. Wie können wir uns in der Partnerschaft gegenseitig bei der symbolischen Realisation der Zeugungssituationen unterstützen und fördern? Wo kann ich meinem Partner dabei helfen, ohne mich selbst zu verleugnen? Wo muss ich mich gegenüber den Erwartungen und Forderungen des Partners abgrenzen, damit ich nicht auf der Strecke bleibe?

9. Wie kann ich den »richtigen« Partner anziehen? Welche Teile meines Skripts muss ich dazu gegebenenfalls umschreiben und heilen? Welche Anlagen und Fähigkeiten, die meinen Eltern fehlten, muss ich ausbilden? Welche Strategien muss ich verfolgen, um ans Ziel zu kommen?

»Das Schicksal heilt uns von vielen Fehlern,
die die Vernunft nicht kurieren konnte.«
(La Rochefoucault)

Die Entwicklungsstufen der anderen Strukturanteile des eigenen Selbst

Strukturanteile der eigenen Prägung werden nicht nur in einer Partnerschaft wirksam, sondern auch auf anderen Lebensgebieten. All das, was damals die Prägung verursacht hat, will in bestimmten Intervallen ins Bewusstein treten. Anders ausgedrückt: Ein Bestandteil der damaligen Prägung drängt in einer bestimmten Phase des eigenen Lebens in den Vordergrund, um »bearbeitet« zu werden.

Eine wichtige Rolle spielt dabei der so genannte Sieben-Jahres-Rhythmus, nach dem der Einzelne seine Anteile bzw. Anlagen »erlösen« sollte. So erfährt zum Beispiel ein Mann im Alter von 28 bis 35 Jahren die Unsicherheit seiner Mutter, die sie zur Zeugungssituation im sozial-rechtlichen Bereich hatte, auf einer neuen Symbolebene und muss sich damit auseinander setzen, im Alter von 35 bis 42 wird er mit dem starken Freiheitsdrang seines Vaters konfrontiert, im Alter von 49 bis 56 mit dem Druck, den die alte Moral auf seine Mutter ausübte und im Alter von 56 bis 63 mit den religiösen Fragen, die seine Eltern damals beschäftigten.

Ein anderer Mann wird – da er anders gezeugt wurde – auch entsprechend andere Erfahrungen machen. Er wird vielleicht im Alter von 21 bis 28 Jahren mit dem väterlichen Hang zum Wohlleben Bekanntschaft machen, im Alter von 28 bis 35 mit den Anpassungszwängen, denen seine Mutter unterworfen war, im Alter von 35 bis 42 mit dem Drang, sich beruflich selbstständig zu machen, den sein Vater nicht in die Tat umzusetzen wagte, im Alter von 42 bis 49 mit einer schönen Wohnung, die seine Eltern durch gute Beziehungen bekommen haben . . .

Von Heraklit stammt die Erkenntnis, dass Charakter gleich Schicksal ist. Man könnte auch sagen: Schicksal ist die in einer bestimmten Zeitabfolge in Funktion geratene Prägung. Oder: Strukturanteile der eigenen Prägung werden auf den Bildschirm des Raumes projiziert. »Wie innen, so außen« oder – um mit Goethe zu sprechen – : »Alles Sichtbare ist nur ein Gleichnis.«

Es geht also zuerst darum, die Symbolik der in der Außenwelt sichtbar gewordenen Persönlichkeitsanteile zu dechiffrieren, um sich dadurch selbst zu erkennen. Die nächste Aufgabe besteht darin, diese Persönlichkeitsanteile zu »erlösen«, das heißt, alle wesentlichen Probleme und Konflikte, die die Eltern nicht bewältigen konnten, zu lösen, Anlagen und Fähigkeiten, die sie nicht zur Verfügung hatten, auszubilden, Einstellungen und Sichtweisen, die bei ihnen nicht wirklichkeitsadäquat waren, zu hinterfragen und gegebenenfalls zu ändern ...

Es ist also ganz wichtig zu erkennen, welcher Persönlichkeitsanteil, welche Stärke, welche Schwäche, welches Problem, welcher Konflikt von damals in der jeweiligen Entwicklungsphase gerade »dran« ist, welche Aufgabe und welcher Lernprozess damit verbunden ist.

Besonders große Schwierigkeiten haben manche bei der Deutung der eigenen Lebensgeschichte, wenn das Schicksal in Form einer Umkehrung oder in Form einer Verkehrung in das Gegenteil (Antiskript) in Aktion tritt. Eine Umkehrung liegt zum Beispiel vor, wenn eine Mutter mittels Schwangerschaft Druck auf den Kindsvater ausgeübt hat und das Kind später als Erwachsener Druck von Seiten seines Partners erfährt. In solchen Fällen sollte erkannt werden, dass ein Persönlichkeitsanteil auch in der Projektion erfahren werden kann. Von einer Verkehrung in das Gegenteil spricht man, wenn zum Beispiel ein Geschlechtsverkehr nur zum Zwecke der Zeugung eines Kindes stattfand und der daraus entstandene Mensch zeit seines Lebens Sexualität nur aus Freude und Lust pflegt, ohne das ihm dabei jemals der Gedanke an ein Kind kommt (Antiskript).

Fragen, die man sich stellen könnte:

1. Kenne ich die Strukturanteile meiner Prägung?
2. Welche Strukturanteile haben sich schon in meinem bisherigen Leben als äußeres Schicksal gezeigt?
3. Wie bin ich damit in der Vergangenheit umgegangen?
4. Welche Struktur- bzw. Persönlichkeitsanteile waren für mich schwierig zu erlösen?
5. Habe ich erkannt, dass es sich dabei um eine Neuauflage einer alten Problematik handelte?
6. Welcher Persönlichkeitsanteil geht zur Zeit in die Dominanz und möchte »erlöst« werden?
7. Welcher Lernprozess bzw. welche Aufgabe ist damit verbunden?
8. Auf welchem Lebensgebiet erlebe ich eine Umkehrung des Szenarios, wie es sich damals abspielte?
9. Wo habe ich fast automatisch ein Antiskript entwickelt?
10. Was kann ich tun, um in Zukunft dem Wiederholungszwang weniger ausgeliefert zu sein?

»Das Beste, was man in der Welt haben kann,
ist, daheim zu sein.«
(Berthold Auerbach)

Heilung durch die richtige Wahl der Heimat und der eigenen Wohnung

Wir haben festgestellt, dass eine Frau, die mit ihrem Vater – so wie er ist oder war – zufrieden ist, einen Mann als Partner wählt, der diesem Vater ähnlich ist.

Hingegen wählt eine Frau, die ihren Vater nicht o.k. fand, unbewusst ihre Partner nach ihrem inneren Bild vom »verbesserten Vater«. Der »Wahlpartner« einer Frau ist also im Grunde nichts anderes als ihr »Wahlvater« und die »Wahlpartnerin« eines Mannes nichts anderes als seine »Wahlmutter«. Und wie steht es mit den Freunden? Freunde sind Wahlverwandte, also gewissermaßen »verbesserte Verwandte«. Vielleicht kann man mit seinen Blutsverwandten wenig anfangen, weil sie andere Interessen haben oder weil sie sich auf einer anderen Bewusstseinsstufe befinden, deshalb wählt man gleichgesinnte Freunde, die besser zu einem passen.

Ähnlich gelagert ist die Situation mit der Region, in der man gezeugt wurde. Nicht jeder ist von der Stadt, dem Dorf oder der Landschaft nur deshalb angetan, weil dort die Eizelle seiner Mutter befruchtet wurde, aus der man sich entwickelt hat. Viele ziehen von diesen Orten weg, weil sie dort ihr Skript nicht erfüllen können.

Kurzum: Ist man mit seinem Heimatort nicht zufrieden, will man dort nicht leben, will man dort keine Wohnung bzw. kein Haus haben, sondern zieht hinaus in die Welt, um irgendwo eine neue Heimat zu finden – irgendeinen Ort, an dem man sich wohler fühlt. Manche werden durch die Liebe zu einem Partner an einen bestimmten Ort verschlagen, um dann, wenn diese Liebe erloschen ist, wieder weiterzuziehen. Bei anderen ist es der Arbeitsplatz, der sie in der Wahl ihres Wohnortes fremdbestimmt. Wieder andere sind ihrem Naturell nach Globetrotter und hasten von einem Ort zum anderen. Ihr Motto lautet: »My home is there, where I live.« Doch im Grunde genommen sollte man sich bei der Wahl seiner Heimat genauso viele Gedanken machen wie bei der Wahl seines Partners.

Man könnte zum Beispiel folgende Überlegungen anstellen:

»Wenn meine Eltern diesen Ort als Heimatort gewählt haben, bedeutet das noch lange nicht, dass auch ich diesen Platz gut finden und dort bis an mein Lebensende bleiben muss. Ich habe eine andere psychische Struktur als mein Vater und meine Mutter, ergo ist die Wahrscheinlichkeit groß, dass ich in eine andere Region gehöre als sie.«

Auch hier trägt der Einzelne häufig das Bild einer »verbesserten« Heimat in sich und hat dann ein »Déjà-vu-Erlebnis« an dem Platz, der diesem inneren Bild entspricht.

Es wäre also wichtig, den Mut zu entwickeln, seine Heimat frei zu wählen und sich bei dieser Wahl nicht mehr fremdbestimmen zu lassen.

Die Wahlheimat ist also quasi eine »umgeschriebene« Heimat. Man hat sich etwas anderes vorgestellt und möchte diese Vorstellung erfüllt sehen. Bei der Verwirklichung seiner Wahlheimat sind folgende Fragen relevant:

Will ich durch die Wahl meines Wohnortes die Situation wieder erleben, in der ich gezeugt wurde? Will ich an den »Tatort« der Eltern zurückkehren, weil ich mich dort wohl fühle und das Gefühl eines Zuhauses habe? Suche ich einen Ort in der Welt, der meinem Zeugungsort ähnlich ist? Möchte ich unbewusst durch diese Heimatwahl meine Mutter oder meinen Vater heilen? Oder will ich damit einen Wunsch meiner Mutter oder meines Vaters erfüllen? Bin ich bei der Wahl meiner Heimat in den Gegenpol gegangen? (Das wäre zum Beispiel der Fall, wenn jemand, der im Flachland gezeugt wurde, ein Haus in den Bergen will.)

Stellen Sie sich vor, dass Sie die Häuserreihe, in der Sie wohnen, entlangwandern. Im Idealfall haben Sie dabei das Gefühl: »Dies ist genau der Ort, in den ich gehöre. Ich gehöre in diese Stadt, in diesen Stadtteil oder Bezirk, in diese Straße, in dieses Haus, auf diesen Platz in der Welt.« Vielleicht denken sie aber auch: »Ich gehöre nicht wirklich hierher, eigentlich wäre ich lieber ganz woanders.« Diese Meinung resultiert aus einer Nichtidentität mit dem inneren Bild einer verbesserten Heimat. Um häufige Umzüge sowie jahrelange Heimatlosigkeit zu vermeiden, wäre es deshalb günstig, das meist im Unbewussten schlummernde Heimatbild zutage zu fördern, damit eine gezielte Suche möglich wird.

Übrigens: Mit der Lebensabschnittswohnung verhält es sich ähnlich wie mit dem Lebensabschnittspartner. Diese symbolisiert meist nur wenige Mosaiksteine des inneren Bildes von der »verbesserten« Wohnung und macht einem bewusst, wie man wirklich wohnen möchte.

Das Mieten oder Kaufen einer geeigneten Wohnung oder eines passenden Hauses kann also für die persönliche Entwicklung und Reifung, aber auch für die Heilung einer Zeugungssituation oder des Vaters oder der Mutter in sich selbst sehr wichtig sein. So kann jemand, der in einer ärmlichen Fabrikarbeitergegend im Ruhrgebiet gezeugt wurde, seine zeugungsbedingte Lebenssituation gravierend verbessern, indem er zum Beispiel in eine schöne Wohnsiedlung zieht, die an einem Park gelegen ist. Eine Wohnung oder ein Haus stellt im übertragenen Sinne eine Materialisation der Gebärmutter dar. Durch diese will sich der Mensch, in die raue Welt geworfen, eine neue Heimat und Geborgenheit schaffen. Schon allein aus dieser Tatsache heraus lässt sich die enorme Wichtigkeit eines so persönlichen Ortes erklären. Nicht umsonst ist im Grundgesetz der BRD und in der Verfassung des österreichischen und schweizerischen Staates der Schutz der Wohnung ausdrücklich festgelegt. Deshalb sagt die Antwort auf die Frage, wie jemand wohnt, immer auch etwas über das Schicksal des betreffenden Menschen aus.

Wer also seine Wohnsituation optimiert, verbessert damit sein Schicksal, nicht nur aufgrund des angenehmeren Wohngefühls, sondern auch, weil damit Partnerschaft und Familie direkt und das Berufsleben indirekt positiv beeinflusst werden. Wem eine Verbesserung seiner Wohnsituation gelingt, der wird erfahren, welch entscheidender Meilenstein eine solche Aktion darstellt und viele erfreuliche Wechselwirkungen mit anderen Lebensgebieten beobachten können.

Im Zusammenhang mit Immobilienobjekten ist noch ein anderes Phänomen von großer Bedeutung:

Es ist meist nicht so günstig, ein erworbenes Immobilienobjekt, mit dem man seelisch und emotional verbunden ist, zu vermieten oder zu verpachten; denn in einem solchen Fall zieht man nicht selten unbewusst Mieter bzw. Pächter an, die das Objekt nicht pfleglich behandeln, es herunterwirtschaften oder den Miet- bzw. Pachtzins nicht oder nur sporadisch entrichten. Die Ursache dafür liegt gewöhnlich im eigenen Unbewussten. Dieses sagt: »Diese Wohnung oder dieses Haus stellt in symbolischer Form einen Aspekt deiner Zeugungssituation dar oder ist dazu angetan, deinen Vater oder deine Mutter zu heilen und nun gibst du dieses Juwel, an dem dein Herz hängt, weg an fremde Leute, für die es nicht diese große Bedeutung haben kann wie für dich. Damit kommst du auf diesem Gebiet in deiner persönlichen Entwicklung nicht weiter. Und wir müssen wieder warten und die Erfüllung und Verwirklichung verzögert sich auf unbestimmte Zeit, das heißt, wir müssen die Erfüllung und Verwirklichung verdrängen und aufgrund dessen ziehen wir Mieter an, die Schwierigkeiten machen oder Konflikte heraufbeschwören.«

Deshalb ist es für das eigene Schicksal günstig, selbst in die Wohnung zu ziehen, an die man sein Herz gehängt hat oder – wenn dies nicht möglich ist –, sie wenigstens als Zweitwohnsitz zu nutzen. Manche Klienten haben auch schon berichtet, dass sie ein solches Objekt nach vielen Schwierigkeiten und Rechtsstreitigkeiten mit den ehemaligen Mietern lieber leer stehen lassen als noch einmal einen Versuch zu starten, es zu vermieten.

Hingegen ist die Vermietung oder Verpachtung von Immobilienbesitz, mit dem einen nichts Persönliches verbindet, der etwa nur als Geldanlage fungiert, im Allgemeinen mit weniger Schwierigkeiten verbunden. Es musste ja in diesem Fall nichts verdrängt werden und insofern sind nach dem Gesetz der Wiederkehr des Verdrängten nicht so oft unangenehme Ereignisse zu erwarten.

III. Fallstudien

Fallstudie Jeanette V.: Wie man eine Gewinnerin wird

Jeanette V. wurde in Marseille/Frankreich gezeugt. Ihre Eltern stammten aus einem kleinen Dorf in der Champagne (im Nordosten Frankreichs). Jeanettes Vater Marcel musste mit seiner Frau Denise aus beruflichen Gründen nach Marseille ziehen. Kurz nach dem Umzug kam Jeanettes Schwester Madeleine zur Welt. Zum Zeitpunkt der Zeugung von Jeanette war Denise frustriert und mit ihrer Situation unzufrieden. Sie hatte große Sehnsucht nach der Champagne, ihrer Heimat. Außerdem fühlte sie sich als Nur-Hausfrau und Mutter nicht ausgefüllt und wollte lieber Karriere machen, um unter anderem auch finanziell von Marcel unabhängig zu werden. Hinzu kam, dass sie immer häufiger mit dem Gedanken spielte, sich von Marcel zu trennen. Durch die erneute Schwangerschaft musste sie jedoch all diese Vorhaben aufgeben. Neun Jahre nach der Geburt von Jeanette zog die Familie V. in ihr Heimatdorf in der Champagne zurück. Erst hier lebte Denise auf und fühlte sich – wie sie es ausdrückte – als »Mensch«. Als Jeanette zwanzig war, heiratete sie Pierre, einen Künstler aus demselben Dorf. Darauf studierte sie Medizin und wurde dabei von ihren Eltern unterstützt. Nach ihrem Studienabschluss ließ sie sich mit ihrem Mann in der Schweiz nieder und arbeitete dort als Assistenzärztin in einem Genfer Krankenhaus. Fünf Jahre später machte sie sich in einem kleinen Ort in der Nähe von Bern selbstständig. Da sie sehr tüchtig war und mit den Menschen dort gut umzugehen wusste, war sie mit ihrer Praxis sehr erfolgreich. Schon bald konnte sie sich ein eigenes Haus in ihrem Wohnort leisten, und im Laufe der Zeit erwarb sie noch drei Eigentumswohnungen, die sie als reine Geldanlage betrachtete.

Doch trotz ihres äußeren Erfolges und trotz ihrer guten Finanzlage fühlte sich Jeanette unglücklich. Ihre Ehe mit Pierre war auf dem Tiefpunkt. Ihr Mann ging seit zwanzig Jahren keiner Arbeit mehr nach und entpuppte sich mit der Zeit als typischer Gigolo, der das Geld seiner Ehefrau durchbrachte. Sexuell lief bei den beiden schon seit Jahren nichts mehr. Jeanette sehnte sich nach einer neuen Liebe – im Alter von fünfundvierzig Jahren hatte sie mit keinem anderen Mann als mit Pierre geschlafen – außerdem fühlte sie sich entwurzelt und heimatlos.

Lösung:

Zunächst gilt es, die Frage zu klären: Wie kann Jeanette die Mutter in sich heilen?

Die erste Aufgabe, die sich aus ihrer Zeugungssituation ergibt, hat sie bravourös gemeistert: Sie hat als erfolgreiche Ärztin den Wunsch ihrer Mutter nach Karriere und eigenem Einkommen erfüllt.

Die zweite Aufgabe lautet: Trennung von ihrem Ehemann. Das, was ihre Mutter aufgrund ihrer finanziellen Abhängigkeit und wegen ihrer zwei Kinder nicht schaffen konnte, wäre für Jeanette ein Leichtes gewesen, ja eigentlich nur eine »Formsache«. Allerdings muss sie damit rechnen, dass ihr Ehemann aufgrund der gesetzlichen Regelungen bei Zugewinngemeinschaften im Falle einer Scheidung die Hälfte des gemeinsamen Vermögens einfordert.

Die dritte Aufgabe, die es zu lösen gilt, wäre, ein Stück Heimat zu erwerben. Es nützt Jeanette wenig, immer wieder Eigentumswohnungen lediglich als Kapitalanlage zu kaufen, denn damit kann sie die Sehnsucht der Mutter in ihr nicht stillen.

Als Jeanette in der Gruppe gefragt wurde, wodurch es ihr möglich wäre, wieder heimatliche Gefühle zu entwickeln, brach sie in Tränen aus. Als wir sie aufforderten, einfach ohne Wertung durch die herkömmliche Vernunft ein Szenario vor dem geistigen Auge entstehen zu lassen, was ihr ein echtes

Zuhause schenken könnte, war sie nicht in der Lage, dazu etwas zu sagen.

Schließlich fragte eine Teilnehmerin Jeanette, wie sie zu einem Ferienhäuschen am Meer in Südfrankreich (dort wurde Jeanette gezeugt) stehen würde. Das war die Lösung! Jeanette rief hellauf begeistert: »Genau das ist es! Ein Sommersitz in Südfrankreich bedeutet für mich, ein Stück Heimat zu haben, wo ich mich geborgen fühlen kann, und das mir auch in der übrigen Zeit des Jahres, in der ich woanders bin, einen seelischen Rückhalt gibt.«

Sechs Monate später berichtete Jeanette, dass sie bereits die Scheidung eingereicht und ein Haus am Meer in Südfrankreich erworben hat. Und last, not least: Auf der Suche nach diesem Immobilienobjekt hatte sie einen Mann kennen und lieben gelernt, der genau ihren Vorstellungen entsprach und mit dem sie gemeinsam die Zukunft meistern möchte.

Wer den Mut hat, im eigenen Leben etwas in Gang zu setzen, wird dafür häufig vom Schicksal fürstlich belohnt. Oder anders ausgedrückt: Heile deine Mutter in dir und du wirst seelisch gesund.*

* siehe auch Anhang Seite 212

Fallstudie Susanne B.: Ein Traum wird wahr

Martha B. war eine keusche, anständige junge Frau aus einfachen Verhältnissen.

Ihr Freund Andreas R., der aus einer sehr wohlhabenden Familie kam und in naher Zukunft das große Familienunternehmen übernehmen sollte, brachte sie dazu, ihr Arbeitsverhältnis bei einer großen Firma in Süddeutschland aufzulösen. Da sie sowieso bald heiraten würden, bräuchte sie – so seine Argumentation – nicht mehr dort zu arbeiten.

Vor der geplanten Hochzeit fuhren die beiden nach Lignano/Italien, um dort Urlaub zu machen. Ein befreundetes Ehepaar war mit von der Partie. Als sie in Lignano ankamen, schien für Martha und Andreas alles wie ein einziges Märchen zu sein. Martha war total auf Andreas fixiert und bewunderte ihn wegen seines weltmännischen Auftretens, seiner Sprachgewandtheit und seiner Bildung. Andreas liebte Martha sehr, es passte einfach alles wunderbar zusammen: das Wetter, das Meer, die Unterkunft, die Musik und der Wein .... Sie gingen jeden Abend zum Tanzen, und eine tolle Kapelle sorgte für eine ausgelassene, oft auch für eine romantische Stimmung. Nach dem Schlager »Caprifischer« (»Wenn auf Capri die rote Sonne im Meer versinkt ...«) drängte Andreas Martha, mit ihm auf ihr Zimmer im ersten Stock zu gehen. Doch Martha wollte einfach nicht aufhören zu tanzen. Schließlich einigten sie sich darauf, sich erst nach drei weiteren Musikstücken auf ihr Zimmer zurückzuziehen. Andreas versuchte, Martha davon zu überzeugen, dass in ihrem Falle die Verwendung von Kondomen nicht mehr nötig sei, da sie ohnehin bald heiraten und Kinder haben würden. Martha leuchtete diese Argumentation sofort ein und hatte deshalb gegen einen Verkehr ohne Schutz nichts einzuwenden. Während des Koitus hörte Martha bereits im Geiste die Hochzeitsglocken läuten und dachte voller Triumphgefühle daran, dass sie, die kleine Martha, sich einen der begehrtesten Junggesellen der Stadt geangelt hatte. In dieser Nacht zeugten Martha und Andreas ein Kind.

Nach ihrem Urlaub stellte Marthas Frauenarzt die Schwangerschaft fest. Als Andreas seinem Vater, einem reichen und mächtigen Mann, eröffnete, dass seine Freundin ein Kind von ihm erwartete, riet ihm dieser eindringlich von einer Ehe ab. Daraufhin trennte sich Andreas von Martha.

Martha war über sein Verhalten zutiefst enttäuscht und urplötzlich schlugen ihre Gefühle der Liebe in Wut und Hass um. Nie hätte sie es für möglich gehalten, dass ihr Traummann sich als so gemein erweisen könnte und sich gerade in dem Moment, wo es darauf ankam, sich zu ihr zu bekennen, aus dem Staube machen würde. Acht Monate nach Beendigung der Beziehung kam die kleine Susanne zur Welt. Martha wäre ein Junge lieber gewesen, denn sie hatte noch einen Funken Hoffnung, dass Andreas vielleicht doch noch seine Entscheidung revidieren würde, wenn sie die Geburt eines männlichen Kindes hätte verkünden können.

Auswirkungen auf Susannes Leben und Schicksal:

Mit zehn Jahren wechselte Susanne von der Grundschule aufs Gymnasium. Im Alter von sechzehn Jahren erwachte ihr Interesse für klassische Literatur und Philosophie. Susanne, inzwischen eine attraktive Erscheinung, litt sehr unter ihrer auf Sitte und Anstand bedachten Mutter und reagierte darauf mit Trotz. Dieser zeigte sich unter anderem in ihrem Outfit. Statt dem braven Mädchenstil, den ihre Mutter favorisierte (Dirndlkleider, lange Faltenröcke, Bevorzugung der Farbe Rosa etc.), kleidete sich Susanne betont sexy. Sie trug die kürzesten Röcke und die engsten Jeans weit und breit. Außerdem ergriff sie jede Gelegenheit, mit Männern ins Bett zu steigen und genoss ihr Sexleben in vollen Zügen. Sie nahm die Pille, denn sie verabscheute Kondome. Ihre Mutter regte sich über Susannes wildes Treiben furchtbar auf. Sie schämte sich, ein »Flittchen« als Tochter zu haben. Auch störte sie sich an Susannes Gewohnheit, exzessiv zu rauchen. Im Alter von neunzehn Jahren – Susanne hatte gerade ihr Abitur gemacht – ging sie von zu Hause weg und zog nach Frankfurt. Kurz darauf lernte sie Alfredo, einen erfolgreichen italienischen Bauunternehmer kennen, mit dem sie fünf Jahre lang ein Verhältnis hatte. Die Beziehung wurde schließlich von Susanne aufgrund der sich ständig wiederholenden Eifersuchtsszenen Alfredos aufgelöst. Kurze Zeit später trat Günther in ihr Leben, ein Immobilienmakler aus der Schweiz, der sich auf ausländische Grundstücke und Häuser spezialisiert hatte. Ein Jahr später heirateten die beiden und Susanne stieg in Günthers Immobilienfirma ein. Schon bald prosperierte dieses Unternehmen derart, dass Günther und Susanne auf großem Fuße leben konnten. Günther leistete sich teure Anzüge und fuhr das jeweils neuste Sportwagenmodell einer italienischen Automobilfirma, Susanne hingegen legte mehr Wert auf eine edle Wohnungseinrichtung und Urlaubsreisen. Auf diesen Reisen kannte sie keine Hemmungen und schlief mit unzähligen Männern – ohne Kondome*, versteht sich. Ihre Freundinnen bezeichneten sie als »sexsüchtig«, doch Susanne ließ sich nicht beirren und kostete das Leben nach ihren Vorstellungen aus. Eines Tages lernte sie einen neuen Mann kennen, der eine wichtige Rolle in ihrem Leben spielen sollte: Sebastian.

Mit Sebastian war alles ganz anders. Susanne philosophierte mit ihm tagelang über »Gott und die Welt«. Endlich hatte sie einen Mann gefunden, der ihre geistigen Interessen teilte, der ähnlich belesen war wie sie selbst und der sich insbesondere in der Weltliteratur bestens auskannte. Bereits

* Zu der damaligen Zeit war die Gefahr, sich mit einer Geschlechtskrankheit anzustekken, relativ gering.

sechs Wochen nach dem Kennenlernen reichte Susanne die Scheidung ein. Da Sebastian nicht nur über geistige Potenz verfügte, sondern auch sexuell sehr versiert war, war Susanne monatelang überglücklich.

Nach einiger Zeit jedoch wurde deutlich, dass Sebastian beruflich ein Versager war. Er wollte nichts arbeiten und entpuppte sich als Parasit. Ständig lag er Susanne, die noch weiter in dem Immobilienbetrieb ihres Ex-Mannes tätig war, auf der Tasche. Und auch sonst verflog Susannes anfängliche Begeisterung sehr schnell. Sebastian ging immer weniger auf sie ein, stattdessen nervte er sie, indem er unaufhörlich auf sie einredete und versuchte, sie zu indoktrinieren. Irgendwann war ihre Liebe zu ihm erloschen. Doch gerade als sich Susanne von Sebastian trennen wollte, wurde sie schwanger. Sebastian war bereit, sie zu heiraten, aber Susanne lehnte ab.

Ihr Sohn Donald war bereits vier Jahre alt, als sie auf einer Messe in Frankfurt Gerhard begegnete. Gerhard war Extraordinarius für Philosophie und sah ihrem Vater sehr ähnlich. Ein Jahr später heirateten die beiden und zogen zusammen mit Donald in ein wunderschönes Haus an einem See im Süden Italiens. Dort wohnt sie mit ihrem Mann und ihrem Kind noch heute und ist dabei sehr glücklich.

Susanne: »Ist das nicht toll? Ich wohne dort, wo andere Leute Urlaub machen. Endlich habe ich seelisch und materiell mein Zuhause gefunden. Meine Mutter hingegen versteht die Welt nicht mehr. ›Dass dich, mein Kind, noch ein Mann gewollt hat bei dieser unanständigen Vergangenheit und noch dazu mit einem unehelichen Kind!‹ hat sie kopfschüttelnd zu mir gesagt.«

Und es ereignete sich noch etwas: Ihr Vater Andreas nahm Kontakt zu ihr auf und besuchte sie mit seiner Ehefrau in ihrem Haus am See. Er war von ihr ganz begeistert und akzeptierte sie zwar etwas spät, aber dafür sehr herzlich als seine Tochter. Er staunte nicht schlecht, als er in ihr eine adäquate Gesprächspartnerin in klassischer Literatur und Philosophie fand.

Halten wir zunächst einmal die Punkte fest, die für Susannes Schicksal entscheidend waren:

1. Susanne hatte eine keusche, anständige Mutter und einen wohlhabenden, einflussreichen Vater.
2. Sie wurde in einer tollen Urlaubsstimmung gezeugt, als ihre Mutter nicht zu arbeiten brauchte.
3. Beinahe wäre sie nicht entstanden, weil ihre Mutter noch weiter nach der schönen Musik tanzen wollte.
4. Sie verdankt ihre Existenz der Überredungskunst ihres Vaters.
5. Der Geschlechtsverkehr ohne Kondom war in der Beziehung zwischen ihrer Mutter und ihrem Vater eine Ausnahme, jedenfalls etwas ganz Besonderes.
6. Ihre Mutter träumte bereits von einer Märchenhochzeit, die in ihrem Heimatort stattfinden sollte.
7. Nach ihrer Rückkehr ins heimatliche Deutschland endete ihr Traum abrupt. Der Vater ließ die werdende Mutter sitzen.

Aufgrund dieser Mosaiksteine ergeben sich folgende Reaktionen:
Zu 1.)
Susanne entwickelte ein »Antiskript« zu dem Skript ihrer Mutter und lebte die meiste Zeit promiskuitiv.
Zu 2.)
Susanne hatte eine Abneigung dagegen, zum Beispiel von 8 bis 17 Uhr in irgendeiner Firma oder Institution zu arbeiten. Eigentlich wollte sie als »Urlaubskind« ihr Leben lang Urlaub machen. Daher ist sie auch so davon angetan, dort zu wohnen, wo andere Urlaub machen. Einen kleinen Vorgeschmack auf Urlaub und Italien hat sie bereits durch Alfredo gehabt, ihren italienischen Freund. Alfredo war demnach eine Art Vorstufe zum Wohnen im Ausland.
Zu 3.)
Susanne ist eine von den wenigen Frauen, der Musik nicht

viel bedeutet. Das ist verständlich, weil in ihrem Falle Musik und Tanz beinahe ihre Entstehung vereitelt hätte.

Zu 4.)

Die damalige geschickte Argumentation ihres Vaters hat bewirkt, dass Susanne bis heute ständig andere Menschen überzeugen will.

Zu 5.)

Da Susanne ihre Existenz dem Weglassen des »Gummis« verdankt, hat sie bislang jeden Sexualkontakt mit einem Präservativ abgelehnt. Den Geruch von Gummi nennt sie »enterotisierend«. Ferner hat sie eine Gummiallergie entwickelt. Aufgrund ihrer Zeugungssituation kann sie auch enge Hosen und eng anliegende Slips bei Männern nicht ausstehen. Sie hat jeden ihrer Partner, mit dem sie längere Zeit zusammen war, dazu gebracht, Boxershorts zu tragen, damit dessen Geschlechtsorgane ohne Einengung frei hängen können.

Zu 6.)

Susanne heiratete zwar zweimal, trotzdem lehnt sie die Institution Ehe ab. Ihre beiden Hochzeiten waren eher einfach und schlicht, ohne besonderen »Klimbim« (Antiskript).

Zu 7.)

Susanne verzichtet bei Sebastian auf eine Eheschließung und lässt Sebastian sitzen (Umkehrung der Situation ihrer Mutter).

Aber warum konnte Susanne bei all dem Wirrwarr in ihrem Lebens schließlich doch zufrieden und glücklich werden?

Das ausschlaggebende Moment war, dass sie ihre Zeugungssituation symbolisch wiederherstellen und ihre Mutter und ihren Vater in sich heilen konnte und zwar

1. indem sie die Keuschheit, die Prüderie und das Madonnaverhalten ihrer Mutter ausgeglichen hat. Sie ging in den Gegenpol, hatte eine gänzlich andere Kleiderwahl als ihre Mutter und verhielt sich im Bett locker und ungehemmt, was ihre Chancen bei Männern immens erhöhte und ihr eine bewusstere und freiere Partnerwahl ermöglichte (Heilung der Mutter in ihr).

2. indem sie im Gegensatz zu ihrer Mutter einen Sohn zur Welt brachte, also ihrem Vater einen »Stammhalter« bescherte (Heilung der Mutter in ihr).
3. indem sie die väterlichen Anlagen wie rhetorische Fähigkeiten, gute Allgemeinbildung und die Fähigkeit, eine eigene Lebensphilosophie zu entwickeln, ausgebildet hat.
4. indem sie nicht wie ihre Mutter von 8 bis 17 Uhr arbeiten ging, sondern eine Arbeit fand, bei der sie sich ihre Zeit frei einteilen und daher oft auch werktags »Urlaub« machen konnte (Heilung der Mutter in ihr).
5. indem sie den Mut hatte, mit ihrem Mann in eine Urlaubsgegend zu ziehen, wo sie sich als »Urlaubskind« rundum wohl fühlte (symbolische Rekonstruktion der Zeugungssituation).
6. indem sie einen Mann, nämlich Gerhard, heiratete, der große Ähnlichkeiten mit ihrem Vater aufwies. Dadurch konnte sie gegenüber ihrer Mutter den Beweis antreten, dass man auch als Mutter eines unehelichen Kindes einen passenden Mann bekommen kann, wenn geistige und erotische Fähigkeiten ausgebildet worden sind.
   Sie heilte dadurch ihre Mutter in sich selbst, weil damit die Wünsche ihrer Mutter – wenn auch erst später in der nächsten Generation, also bei ihr, und auf einer anderen Symbolebene – in Erfüllung gingen. So war es auch kein Zufall, dass Susannes Vater just in dem Moment in ihrer Lebensgeschichte auftauchte, als sie ihre Mutter in sich zu heilen vermochte. Sie hatte dadurch, ohne sich dessen bewusst zu sein, gleichzeitig auch ihren Vater »geheilt«.

Anmerkung: Die frühe Prägung kann sogar für die Vorliebe oder Abneigung einer Farbe verantwortlich sein. Susanne hatte solange sie zurückdenken konnte die Farbe Rosa gehasst, weil sie die Lieblingsfarbe ihrer Mutter war. Kurz nachdem sie von ihrem Vater »angenommen« wurde, stellte sie bei sich eine erstaunliche Veränderung fest: Ihre Abneigung gegenüber Rosa war verschwunden. Kurzerhand kaufte sie sich ein rosafarbenes Kostüm, mit dem sie überall Bewunderung hervorrief.

Fallstudie Simon O.: Die Inkarnation eines Experiments und einer Ortsveränderung

Simon (ein sportbegeisterter Kaufmann) und Pauline H. (Hausfrau) wollten möglichst bald nach ihrer Heirat ein Kind haben, doch dieser Wunsch erfüllte sich nicht. Es vergingen fünf Jahre, ohne dass sich Nachwuchs ankündigte. Die Leute im Ort begannen schon darüber zu reden und manche hänselten Simon, indem sie seine Männlichkeit anzweifelten. Aber auch für Pauline wäre ein Kind wichtig gewesen. Zum einen, um nicht als unfruchtbar zu gelten, zum anderen aber auch, um nicht – wie andere Frauen ohne Kinder – arbeiten gehen zu müssen. Eine vornehme, adlige Frau aus der Nachbarschaft riet den beiden, es doch einmal mit einer Ortsveränderung zu versuchen. Ihrer Erfahrung nach würde dadurch die Chance, schwanger zu werden, immens erhöht. Also fuhren Simon und Pauline H. für ein paar Tage zu einer alten Tante, die einen Bauernhof in Niederbayern hatte, mit dem festen Vorsatz, dort ein Kind zu zeugen. Sie wollten einfach nichts unversucht lassen und dieses Experiment wagen. Simon wünschte sich einen Sohn als Stammhalter, der später in seine Fußstapfen treten könnte und der so sportlich begabt ist wie er, während Pauline ein Mädchen lieber gewesen wäre, das ihr eines Tages bei der Hausarbeit helfen könnte.

Der Zeugungsakt war jedoch gar nicht so leicht zu verwirklichen. Zum einen wollte bei Pauline aufgrund des modrigen Geruchs auf dem Bauernhof keine rechte Lust aufkommen, zum anderen hatte die Tante die Eheleute zwar herzlich aufgenommen, aber schon nach kurzer Zeit war klar: Sie hat-

ten sich der dominanten alten Dame in jeder Hinsicht unterzuordnen. Diese duldete keine Widerrede, auch nicht beim Schlafengehen.

Die Tante teilte den beiden ein Zimmer neben ihrem Schlafzimmer zu und ließ die Türe dieses Zimmers einen Spalt offen. Da Simon und Pauline nicht wagten, diese Türe zu schließen, warteten sie, bis die Tante eingeschlafen war. Erst dann konnten sie den Zeugungsakt vollziehen und zwar heimlich, still und leise, aber auch schnell – immer in der Spannung, ob nicht dabei die alte Tante aufwachen würde. Nach ein paar Bewegungen hielten sie immer wieder still, um zu lauschen, ob noch alles in Ordnung ist. Außerdem achteten sie peinlichst darauf, das Bettlaken nicht zu »verschmutzen«. Schließlich war der Akt aber doch ohne besondere Zwischenfälle vollzogen und beide schliefen friedlich ein.

Neun Monate später kam der kleine Simon zur Welt (er hieß – wie sollte es auch anders sein? – so wie sein Vater!). Stolz präsentierten die Eltern ihren Sohn der Umwelt als Sensation.

Auswirkungen auf das Leben und das Schicksal von Simon:
Simon junior war ein stilles, zurückgezogenes Kind mit einer blühenden Phantasie, dabei sportlich total unbegabt (Antiskript). Sein Vater regte sich furchtbar darüber auf. Es ärgerte ihn auch, dass sein Sohn in seinen Augen kein richtiger Junge war (Simon wurde von seiner Mutter ja als Mädchen gewünscht.) Hinzu kam, dass das Kind Heimlichkeiten vor Vater und Mutter hatte, ständig Dinge vortäuschte und log, dass sich die Balken bogen. Dies alles machte seine Eltern regelrecht verrückt (sie hätten Simon einfach nicht heimlich und in der Stille zeugen dürfen, dann bräuchten sie sich jetzt nicht so über sein Verhalten zu echauffieren. Ein solches Verhalten ist nicht genetisch bedingt, sondern liegt an der Zeugungssituation). Ferner machte Simon bereits im Alter von sieben Jahren heimlich Experimente im Keller und Speicher des Wohnhauses (seine Zeugung war schließlich eine Art Versuchsballon, ein Experiment). Simon junior erbrachte auf dem Gymnasium hervorragende Leistungen in den Fächern Mathematik, Physik und Chemie. Nach dem Abitur studierte er ein paar Semester an einer technischen Hochschule, brach das Studium jedoch ab, weil er ständig Ideen und Ansichten hatte, die auf der Hochschule nicht gefragt waren. Zum großen Leidwesen seiner Eltern wurde Simon »Erfinder«. Immer wieder versuchte er, revolutionäre Erfindungen zu machen, konnte dabei aber kaum irgendwelche Erfolge verbuchen. Es lief immer dasselbe Muster ab: Simon hatte eine neue Idee, die seiner Ansicht nach die Sensation schlechthin dar-

stellte (seine Eltern empfanden die geglückte Befruchtung und die Geburt ihres Sohnes seinerzeit auch als Sensation!). Daraufhin versuchte er sehr schnell, diese Idee heimlich und unter großer Anspannung umzusetzen (er wurde heimlich und schnell gezeugt), aus der Angst heraus, dass ein anderer Wind davon bekommen und seinen Erfolg vereiteln könnte (die Spannung seiner Eltern beim Zeugungsakt sowie ihre Angst, die Tante könnte etwas hiervon merken und ihr Vorhaben gefährden, erscheint hier auf einer anderen Symbolebene!).

Auch in Simons Partnerbeziehungen zeichnete sich ein Muster ab, das an seine Zeugungssituation erinnert. Er empfand eine tiefe Abneigung gegenüber der Institution Ehe (deren Rituale hätten seine Existenz ja auch beinahe verhindert). Meist liierte er sich mit streng moralischen Frauen, machte während diesen Beziehungen aber immer heimlich Seitensprünge. Auf sexuellem Gebiet experimentierte er ständig herum, probierte verschiedene Frauen aus, um herauszufinden, ob nicht eine von ihnen besser im Bett ist als diejenige, die er zu Hause hatte (unbewusst liierte sich Simon jeweils mit der alten moralischen Tante, vor der er permanent sexuelle Heimlichkeiten hatte, lediglich auf einer anderen Symbolebene). Insbesondere wünschte er sich, endlich einmal eine Partnerin kennen zu lernen, die laute, gellende Lustschreie während des Koitus und beim Orgasmus ausstößt (Antiskript zu seiner Zeugungssituation, in der es lautlos oder zumindest leise zugegangen war). Er selbst unterbricht den Koitus des Öfteren (der Geschlechtsverkehr, der zu seiner Zeugung führte, wurde auch ständig unterbrochen), um den Reiz zu erhöhen oder um mit einer neuen Stellung zu experimentieren (hier kommt wieder zum Tragen, dass seine eigene Zeugung ein Experiment war).

Und noch eine Eigenart resultiert aus seiner Zeugungssituation: Was Simon beim Zusammenleben mit einer Partnerin in einer Wohnung am meisten störte, waren geöffnete

Türen. Wenn er nach Hause kam, war seine erste Handlung, alle offenen Türen zu schließen (Antiskript). In die Türe zu seinem Zimmer ließ er ein Sicherheitsschloss einbauen. Beim Verlassen der Wohnung sperrte er sein Zimmer regelmäßig ab.

Im Alter von vierunddreißig Jahren meldete Simon ein Patent an, das von der Industrie aufgegriffen wurde und ihm umgerechnet 220.000 Euro einbrachte. Diese Summe war zwar zu gering für ein Einfamilienhaus in der Stadt, in der er wohnte, aber sie reichte aus für einen alten Bauernhof in der Oberpfalz. Als er zum ersten Mal diesen Bauernhof sah, hatte er ein Déjà-vu-Erlebnis. Es kam ihm dort alles so bekannt vor, das Gebäude, der schöne große Obstgarten, der angrenzende Wald ..., so als ob er dort schon einmal gelebt hätte (Simon wurde auf einem alten Bauernhof gezeugt). Das Einzige, was ihm an diesem Immobilienobjekt störte, war der leichte Modergeruch, der in sämtlichen Räumen zu riechen war. Nachdem Simon den Hof gekauft hatte (Rekonstruktion und Materialisation seiner Zeugungssituation), ließ er sämtliche Räume renovieren (Heilung der Mutter und der Zeugungssituation, in der seine Mutter ebenfalls einen störenden Modergeruch wahrnahm). Durch den Erwerb des Bauernhofes besaß Simon einen zusätzlichen Wohnsitz. Er pendelte nun zwischen seinen beiden Wohnsitzen hin und her (Rekonstruktion der Zeugungssituation: Er war die Inkarnation einer Ortsveränderung). Kurze Zeit später machte Simon eine Erfindung, die er selbst zu nutzen verstand. Er gründete eine Firma, die bereits nach kurzer Zeit immense Umsätze verbuchte. Endlich konnte er als Big Boss in Erscheinung treten (Verwirklichung der Stammhalterkonstellation). Da seine jeweiligen Partnerinnen so gut wie nie etwas kochen wollten, fackelte er nicht lange und stellte eine Hausangestellte ein (Heilung der Mutter in sich selbst, Erfüllung des Wunsches seiner Mutter nach einer Haushaltshilfe).

Und seine politische Einstellung? Simon plädiert für eine

»Rundumerneuerung« der Gesellschaft. Er ist der Ansicht, dass die gesellschaftliche Entwicklung viel zu langsam verläuft und deshalb dringend forciert werden müsste. Aus seiner Zeugungssituation bzw. Prägung resultiert sein steter Drang nach Veränderung, Erneuerung und Abwechslung. Immerhin verdankt er dem Prinzip der Veränderung und der Abwechslung sein Leben.

IV. Das Zeugungs-Rekonstruktions-Training (ZRT)

»Je mehr Facetten des Selbst wir ausleben, desto zufriedener und gesünder sind wir.«

Das Zeugungs-Rekonstruktions-Training (ZRT)

– eine Chance zur Neugestaltung des eigenen Lebens

Da die Zeugungssituation so entscheidend ist für die psychische Prägung und für das Schicksal des Einzelnen, ist es erforderlich, diese Situation näher zu beleuchten, um Auswege und Lösungen finden zu können. Aus diesem Grunde wurde das Zeugungs-Rekonstruktions-Training (ZRT) entwickelt. Dieses ist in folgende drei Phasen aufgegliedert:

I. Phase:

Schilderung der Zeugungssituation:
Der Klient schildert die Situation, in der er gezeugt wurde. Grundlage hierfür ist der Fragenkatalog auf den Seiten 30 und 31.

Die Zeugungssituation als Theateraufführung
Wenn es zum klareren Verständnis und zur besseren Bewusstwerdung hilfreich ist, wird beim ZRT die Zeugungssituation in Form einer Theateraufführung nachgestellt. Selbstverständlich wird dabei nicht der Akt als solcher noch einmal aufgeführt, vielmehr geht es darum, die Stimmungslage und die Rahmenbedingungen von damals wiederherzu-

stellen sowie die Spannungen und Konflikte, die während der Zeugungssituation vorherrschten. Wurde jemand etwa im Wald gezeugt, könnte mittels Tonbandaufzeichnungen vom Rauschen der Bäume im Wind oder vom Gesang verschiedener Vögel ein akustischer Rahmen geschaffen werden, der es den Darstellern erleichtert, sich in die damalige Stimmung zu versetzen.

Für eine solche Theateraufführung braucht man ein Drehbuch (das ist die Zeugungssituation), einen Regisseur (das ist der ZR-Trainer), zwei Hauptdarsteller (diese spielen Vater und Mutter), Nebendarsteller (das sind die Personen, die die Zeugungssituation beeinflusst haben, zum Beispiel die Eltern der Mutter oder des Vaters, Freunde etc.) Statisten (zum Beispiel ein Kellner, der vorher das betreffende Paar in einem Restaurant bedient hat) und eine Kulisse (zum Beispiel blaues Meer, Sennerhütte, grüne Wiese, Ehebett, dunkler Speicher etc.)

Manche glauben, bei ihrem Zeugungsakt wären nur zwei Personen dabei gewesen, nämlich Vater und Mutter (die beiden Hauptdarsteller), in Wirklichkeit waren jedoch auch Personen mit dabei, die (scheinbar) nicht anwesend waren: die Großeltern, die Lehrer, die Pfarrer, die Freunde ... also all jene Personen, die in dieser Zeit einen Einfluss auf die Eltern ausgeübt haben. Diese »Nebendarsteller« können in dem Theaterstück bereits im Vorfeld des Zeugungsaktes zum Vorschein kommen, indem sie – wie die Personen, die sie symbolisieren sollen – verbietend, hemmend, maßregelnd, unterdrückend, irritierend oder aber auch fördernd, helfend, unterstützend, lobend und bestärkend auftreten. Am besten kann dies mithilfe kurzer Sketsche geschehen.

Die Theateraufführung (Komödie, Tragödie, Drama ...) der Zeugungssituation hat zum Ziel, dem Betreffenden dessen Prägung deutlich zu machen, sodass jeder in der Gruppe dessen Grundthema klar erkennen und bereits im Ansatz sehen kann, wie sich all dies im Schicksal auswirken wird. Oft berichten einige Teilnehmer nach einer solchen Theateraufführung, dass aufgrund ihres Wissens um die Zeugungssituation das Leben des Betreffenden vor ihrem geistigen Auge wie ein Film abgelaufen ist und die nachfolgende Schilderung von dessen Leben sie nur noch bestätigt hat. Manchmal kann man auch, nachdem die Zeugungssituation geschildert wurde, zu einem »heiteren Beruferaten« übergehen, indem die Frage aufgeworfen wird: Was übt der Betreffende aufgrund seiner Zeugungssituation wohl für einen Beruf aus?

II. Phase:

Schilderung des bisherigen Lebens
Die Zeugungssituation ist die erste symbolische Darstellung des Drehbuches und das Leben der betreffenden Person gewissermaßen die Vergrößerung dieser Situation. So wie im Kirschkern bereits der gesamte Kirschbaum enthalten ist, so ist in der Zeugungssituation gleichsam en miniature das Leben eines Menschen dargestellt. Dessen Leben und Schicksal ist also die Entfaltung dieser Prägung. Und wenn der Einzelne sein Leben schildert, so wie es sich bisher gezeigt hat, dann wird evident, dass all die Stimmungen, Rahmenbedingungen, Spannungen und Konflikte, vor allem aber das Grundthema der Zeugungssituation ständig auf neuen Symbolebenen wiederkehren.

Der Einzelne erkennt, dass er im Leben unbewusst danach trachtet, seine Zeugungssituation in ihren »guten« und »schlechten« Aspekten symbolisch wieder zu erleben. Ein und dasselbe Theaterstück wird aus diesem Grund permanent neu inszeniert.

Wenn das Drehbuch bzw. der geheime Lebensplan bereits bei der Schilderung der Zeugungssituation noch nicht für alle klar zum Vorschein gekommen ist, dann wird dies spätestens nach der darauf folgenden Schilderung des Lebens und des Schicksals geschehen. Dabei gilt es allerdings zu beachten, dass sich eine bestimmte Anlage immer wieder in neue Symbole kleidet, sodass für den Einzelnen oft nicht erkennbar wird, dass es sich dabei um dasselbe Thema bzw. um dieselbe Problematik handelt, nur eben auf einer anderen Symbolebene.

So kann etwa eine Norm, der die Eltern unterworfen waren, später als Betonmauer, Abwehr, Hemmung, Widerstand, Blockade, Verhärtung, im übertragenen Sinne auch als »Steine, die einem in den Weg gelegt werden«, als Polizist, Richter, Moralist oder auch als Wirbelsäulenleiden auftreten.

Ein anderes Beispiel: Der verdrängte Befreiungswunsch einer Mutter kann sich später als Seitensprung, Trennung, Scheidung, Unfall, aber auch als Vogel im Käfig, als Problem bei einer Flugreise oder als Nervenleiden manifestieren.

Deshalb sollte ein Zeugungs-Rekonstruktions-Trainer wie ein Traumdeuter über ein umfangreiches Symbolwissen verfügen, um die Lebensschilderungen seiner Klienten im Zusammenhang erkennen und richtig einordnen zu können. In der zweiten Phase des Zeugungs-Rekonstruktions-Trainings sollte man sich immer wieder vor Augen führen, dass sehr vieles, was im Leben eines Menschen geschieht, im Gegenpol stattfindet (Antiskript); dadurch kann bei manchen der Eindruck entstehen, es handelte sich um einen gänzlich anderen »Film«.

III. Phase:

Das Finden der Lösung:
Die meisten Menschen kennen, obwohl sie die Hauptdarsteller in ihrem Theaterstück sind, das Drehbuch nicht. Sie stecken so sehr in ihrer Rolle, dass sie den Gesamtzusammenhang nicht erfassen können. In dieser Hinsicht können der ZR-

Trainer und die anderen Gruppenteilnehmer die Situation meist viel klarer sehen, denn sie sind emotional nicht in dieses Theaterstück involviert und können deshalb die Situation aus der »Vogelperspektive« betrachten. Manchmal ist die Lösung bzw. der Ausweg aus dieser Lage so offensichtlich, dass alle sie erkennen können, nur derjenige nicht, um den es geht.

Und selbst, wenn man den Betreffenden zu diesem Ausgang hinführt, fallen ihm oft noch tausend Ausreden ein, warum gerade in seinem Fall eine solche Lösung nicht möglich ist. Wir haben es dann mit der so genannten »Ja-aber-Argumentation« zu tun. Erfahrungsgemäß nehmen jedoch dessen Widerstände in dem Maße ab, wie ihm bewusst wird, wie angenehm sein Schicksal aussehen könnte, wenn er den Mut aufbrächte, den von der Natur seiner Psyche vorgesehenen Weg zu gehen. Im ZRT werden für sämtliche Aspekte der Prägung eines Individuums Lösungsmöglichkeiten aufgezeigt. Oft müssen aber zuerst zwei, drei oder vier Aufgaben bewältigt werden, damit positive Kettenreaktionen ausgelöst werden können.

Das ZRT ist nicht irgendeine Ideologie, die auf Glauben beruht, sondern ergibt sich wie selbstverständlich aus den Vorgaben der Wirklichkeit. Die gefundenen Lösungen bauen auf denselben Prinzipien und Mechanismen auf, deren sich auch die psychische Natur bedient und zwar:

- die Heilung des Vaters in einem selbst
- die Heilung der Mutter in einem selbst
- die Heilung durch die Tat
- die Heilung durch eine neue Heimat bzw. durch ein neues Territorium
- die Heilung durch den Gegenpol
- die Heilung durch Komplettierung
- die Heilung durch das Ausbilden von Anlagen
- die Heilung durch die Erfüllung eines Wunsches
- die Heilung durch Umpolung des Gewissens
- die Heilung durch Bewusstseinserweiterung

Immer wieder versucht die Natur, oft über Generationen hinweg, Täuschung, Schein und Verdrängungen ans Licht zu bringen sowie Probleme und Konflikte einer Lösung zuzuführen. Doch so viel Zeit wie die Natur hat ein einzelner Mensch nicht: Wenn man zu lange braucht, um zu erkennen, wo es langgeht und wo die Lösung liegt, besteht die Gefahr, dass man – ehe man sichs versieht – alt und grau geworden ist, man wertvolle Lebenszeit auf Umwegen und Irrwegen verloren, vielleicht sogar sein ganzes Leben für ein Problem seiner Eltern geopfert hat oder dass man nie dazu gekommen ist, die Lebensqualität zu genießen, die man sich immer erträumt hatte.

Ein wesentliches Ziel des ZRTs ist es, die alte Moral, die Maßstäbe und Tabus des Milieus, in dem man aufgewachsen ist, sowie die ungelösten Probleme und Konflikte seiner Vorfahren nicht mehr an die nächste Generation »weiterzuvererben«, sondern dem Einzelnen eine klare *Orientierung* aufzuzeigen, sodass er genau weiß, was zu tun ist und was er in diesem Leben zu lernen hat.

Kurzum, das ZRT bietet die Chance, schnell auf das Wesentliche zu stoßen, auf das, was ansteht, was die Lernaufgaben und das primäre Lebensthema des betreffenden Menschen sind.

Wenn man sich viele Jahre, unter Umständen auch Jahrzehnte, in falschen Lebensbezügen (bei »falschen« Partnern, in »falschen« Wohnungen oder an »falschen« Arbeitsplätzen) aufgehalten hat, will man nach Absolvierung des ZRTs keine Zeit mehr verlieren: Man fackelt nicht mehr lange und schreitet zur Tat; denn erst durch die Tat, durch das konsequente Umsetzen und Verwirklichen all dessen, was durch das ZRT ins Bewusstein getreten ist, kann das Leben zu einem Fest werden.

»Wenn du hervorbringst,
was in dir ist, wird das,
was du hervorbringst
oder ausdrückst, dich heilen.
Wenn du nicht hervorbringst,
was in dir ist,
vermag das,
was du nicht hervorbringst,
dich zu zerstören.«

Die Vermeidung von Irrwegen und Umwegen

Um welches Thema geht es in meinem Leben? Warum bin ich auf der Welt? Was ist der Sinn meines Lebens? Welche Aufgaben und Probleme müssen von mir gelöst werden?

Das sind die Fragen, die alle Menschen mehr oder weniger beschäftigen. Die Antworten darauf sind (symbolisch verschlüsselt) in der Zeugungssituation zu finden und können mit Hilfe des ZRTs ins Bewusstsein gehievt werden.

Beim ZRT kommt es darauf an, dass alle Beteiligten subtil darauf achten, wie die Zeugungssituation das Leben des Betreffenden widerspiegelt, welches Grundthema und welche Problematik damit verbunden ist sowie welche Lösung sich daraus ergibt. Einzig und allein das Drehbuch der Zeugungssituation gibt die Orientierung und die Zielrichtung vor. Auf diese Art und Weise wird ausgeschlossen, dass dem Einzelnen eine Meinung, eine Glaubenshaltung – etwa die des ZR-Trainers oder eines dominanten Teilnehmers – irgendeine Ideologie oder irgendein therapeutisches Konzept aufgepfropft wird. Derjenige, um den es geht, muss selbst sein

Skript und seinen Lebensweg, die sich im ZRT herauskristallisieren, erkennen, um entsprechend motiviert zu sein, schließlich auch danach zu handeln.

Zirka ein Jahr später findet ein zweites Seminar statt, in dem die Teilnehmer berichten, inwieweit es ihnen gelungen ist, dieses Handlungskonzept im täglichen Leben umzusetzen und welche positiven Wirkungen sich dadurch eingestellt haben, aber auch, auf welchem Lebensgebiet noch Schwierigkeiten bestehen. Die Gruppe eruiert die Ursachen der Schwierigkeiten und ermutigt den Betreffenden, seinen Weg konsequent zu gehen und seine Lebensaufgaben zu meistern.

In diesem Fall heißt es, sich immer wieder vor Augen zu führen: Wer seine Lebensaufgaben nicht wahrnimmt, läuft Gefahr, dass sich dieselbe Energie, die er von der Natur zur Bewältigung dieser Aufgaben zur Verfügung gestellt bekam, gegen ihn wendet, also Krankheit und ungünstiges Schicksal hervorruft.

Wie kann so etwas aussehen? Wenn jemand zum Beispiel die Aufgabe hätte, sich beruflich selbstständig zu machen, aber sich dieser über viele Jahre hinweg nicht stellt, äußert sich die entsprechende Energie womöglich in Herz- und Kreislaufbeschwerden oder wenn eine Frau als Aufgabe hätte, ein Kind zu gebären und zu erziehen, sie aber dies aus rationalen Gründen ablehnt, kann sich die dahinterstehende Energie auf den Leib verschieben und zum Beispiel Menstruationsbeschwerden hervorrufen.

Wer also seine Aufgaben erkennt und meistert, betreibt aktive Krankheits- und Schicksalsprophylaxe.

»Ich schaffe mein paradiesseits.«
(Hans-Horst Skupy)

Das persönliche Paradies

Wir haben festgestellt, dass fast jeder Mensch versucht, in seinem Leben all das zu verbessern, was ihm unvollkommen erscheint. Jeder möchte seine Partnerbeziehung, seine Wohnsituation, seine berufliche Karriere usw. optimaler gestalten. Jeder strebt bewusst oder unbewusst danach, sich sein persönliches Paradies zu schaffen.

Wer etwa ein Haus kauft, hat meist einige Jahre damit zu tun, es so zu »verbessern«, dass es seiner Vorstellung, das heißt seinem persönlichen Paradiesbild von einem Haus entspricht. Er lässt vielleicht einige Wände herausreißen, ein Fenster dort einsetzen, wo er glaubt, es würde eines fehlen, baut das Dachgeschoss aus, gibt dem Haus innen und außen den farblichen Anstrich, der seinem Geschmack entspricht, kurzum, er versucht alles, um dem Haus seine persönliche Note zu geben, es zu einer Widerspiegelung seiner Identität zu machen bzw. die passenden Formen für seine ureigenen Inhalte zu finden. Jeder Schritt in diese Richtung ist mit Freude, Glück und Stolz verbunden. Ein anderer will vielleicht seinen Garten in ein »Paradies« verwandeln. Bis jede Blume, jede Pflanze, jeder Strauch und jeder Baum so platziert ist, dass diese mit dem persönlichen Paradiesbild des Betreffenden von einem Garten in Einklang stehen, können viele Sommer vergehen. Vielleicht begeht er bei der Platzierung oder der Pflanzung einige Fehler, die ihn bei der Verwirklichung seines inneren Bildes zurückwerfen oder er ist irgendwann aufgrund einer Naturkatastrophe gezwungen, wieder ganz von vorne anzufangen, aber trotz alledem wird er nicht ruhen, bis er seinen Traum eines Tages doch noch verwirklicht hat.

Solange jemand – auf welchen Lebensgebieten auch immer – sein persönliches Paradies noch nicht realisiert hat, ist er im Allgemeinen unzufrieden. Diese Unzufriedenheit ist ein starker Stimulus für Aktivität und Handlung.

In dem Moment, in dem der Betreffende darangeht, aktiv zu werden und etwas umzusetzen, wird seine Seele von Hoffnung und Zuversicht erfüllt, bekommt er Auftrieb, setzt sich eine positive Stimmungslage durch.

Nur wenn der Einzelne keine Möglichkeit zu positiven Veränderungen sieht, reagiert er depressiv, mit Suchtverhalten oder mit Krankheit. Er ist in einem Reaktionsmuster auf Umstände und Situationen gefangen, die ihm nicht entsprechen. Dieselbe Energie, die von seiner Natur zum Aufbau seines persönlichen Paradieses bereitgestellt wird, wendet sich in diesem Fall gegen ihn selbst.

Deshalb ist es überaus wichtig, sich immer wieder vor Augen zu führen: Es gilt, sich alles im Leben so einzurichten, wie man es braucht, sonst bleibt einem nichts anderes übrig, als stets auf die Personen und Dinge in seiner Umwelt zu reagieren.

Zur Beachtung:
Bei dem inneren Paradiesbild muss unterschieden werden, ob es der ersten oder der zweiten Natur entspringt. Grundsätzlich kann man nur dann von einer »echten« Verwirklichung sprechen, wenn Wünsche und Träume der ersten Natur realisiert werden. Wenn diese aus der Kollektivneurose bzw. aus der zweiten Natur entspringen, ist die Freude an der »Verwirklichung« nur von kurzer Dauer. Man freut sich dann über die Luxusyacht oder den Pelzmantel, aber das wirkliche Wesen bleibt davon unberührt.

Fazit: Jeder Mensch hat den Drang, im Laufe der Zeit immer »kompletter« zu werden. Er möchte immer mehr von seiner Identität, die aus seiner Zeugungssituation erwachsen ist, verwirklichen. Je mehr ihm dies gelingt, desto zufriedener und glücklicher ist er mit seinem Leben. Ja, es ist dann sogar etwas ganz Erstaunliches zu beobachten: Wer seine eigene Identität verwirklicht, fühlt sich unermesslich reich – reicher als manche der reichsten Menschen der Erde; denn das gefunden zu haben, was für einen selbst wichtig und richtig ist, was für einen Erfüllung bedeutet, hat mehr Wert als alles Gold und Geld dieser Welt. Es ist ein unglaubliches Glück, sich nicht mehr in falschen Bezügen zu befinden, nicht mehr wie ein Blatt im Wind herumgetrieben zu werden, nicht mehr ständig Ersatz kaufen, nicht mehr rastlos suchen zu müssen, weil man das Seelenheil in der eigenen Identität gefunden hat. Zufriedenheit hängt also primär davon ab, ob der Betreffende fähig ist, sein persönliches Paradiesbild auf den verschiedensten Lebensgebieten ins Bewusstsein zu hieven und es peu à peu in der Welt zu verwirklichen.

Das ZRT kann hier dem einzelnen »Sucher« einc entscheidende Hilfestellung geben, indem es ihm aufzeigt, was er eigentlich sucht und wie er es finden kann. Es hilft ihm dabei, seine Zeugungssituation – sein persönliches »Theaterstück« – umzuschreiben und zu einem Happyend zu führen.

Fragen, die man sich in diesem Zusammenhang stellen könnte:

1. Welche Paradiesbilder habe ich aufgrund der Situation, in der ich gezeugt wurde, entwickelt?
2. Wie sieht mein persönliches Paradies in der Partnerbeziehung aus?
3. Welche Rahmenbedingungen sollten dabei vorherrschen?
4. Wie sieht mein(e) paradiesische(s) Wohnung (Haus) aus?
5. Wie sieht meine paradiesische Terrasse oder mein paradiesischer Balkon aus?
6. Wie wichtig ist mir ein paradiesischer Garten?
7. Wer oder was hindert mich daran, mein inneres Paradiesbild auf einem bestimmten Lebensgebiet zu verwirklichen?
8. Wo reagiere ich nur auf missliche Lebensumstände anstatt zu agieren, also das Heft selbst in die Hand zu nehmen?
9. Wo habe ich bereits einen Teil meines inneren Paradiesbildes verwirklicht?
10. Wo bin ich gerade dabei, meinen inneren Traum in die Realität umzusetzen bzw. wie viel Prozent davon habe ich bereits verwirklicht? Was fehlt mir noch?

V. Anhang

Anhang

Psychologische Astrologie

Das Geburtshoroskop – die symbolische Widerspiegelung der Zeugungssituation.

Alles was bisher psychologisch dargelegt wurde, lässt sich auch astrologisch erklären. Ja, die Astrologie gab den Anstoß dazu, das Phänomen der Prägung durch die Zeugungssituation zu ergründen. Wie lässt es sich erklären, dass die Umstände, unter denen die Zeugung erfolgte, im *Geburts*horoskop stehen? Wäre es nicht sinnvoll, ein *Zeugungs*horoskop (sog. Konzeptionshoroskop) zu erstellen?

Das Geburtshoroskop zeigt die Zeugungssituation auf, die Schwangerschaftseinflüsse, die Situation bei der Geburt sowie das weitere Leben des Betreffenden. Der Einzelne wächst im Mutterleib heran und wenn der Prozess der Reifung der Leibesfrucht abgeschlossen ist, kann das Kind zur Welt kommen und schließlich von der Mutter abgenabelt werden. Erst jetzt tritt es als eigenständiges Individuum seine Lebensreise an. (Deshalb ist dieser Zeitpunkt für die Horoskoperstellung entscheidend und nicht der, an dem die befruchtete Eizelle noch undifferenziert und somit quasi noch Bestandteil der Mutter war.)

Die Planetenkonstellation am Himmel zum Zeitpunkt der Geburt fungiert als Gleichnis für die psychische Struktur und das damit verbundene Schicksal des Kindes. Dieses Gleichnis bezieht sich sowohl auf Vergangenheit als auch auf die Zukunft. So wie man bei einem Menschen von seiner Zeugungssituation auf sein Leben schließen kann, so lässt umgekehrt sein Schicksalsweg Rückschlüsse auf seine Zeugungssituation zu.

Was bedeutet nun die Stellung der Planeten sowie von

Sonne und Mond zum Zeitpunkt der Geburt? Sie symbolisieren Anlagen, Talente bzw. Fähigkeiten, die im Leben verwirklicht werden möchten, was auf drei verschiedenen Ebenen möglich ist: auf der gehemmten, der kompensatorischen und der erwachsenen Ebene.

Aufgrund dessen lässt sich mithilfe des Horoskops erkennen, wie eine Anlage, die bisher ungünstig oder als Krankheit in Erscheinung getreten ist, auf erwachsene und gesunde Weise ausgelebt werden kann. Dadurch werden Lösungsmöglichkeiten sichtbar und der Weg vom Krankheits- zum Gesundheitsbild kann aufgezeigt werden.

Die folgenden vier Beispiele von Kindern des Jahrgangs 1993 machen deutlich, auf welche Weise die Zeugungssituation, also der Anfang, der Moment, an dem alles begann, in den betreffenden Horoskopen widergespiegelt wird.

Gemeinsam haben alle Kinder des Jahrgangs 1993 die Uranus-Neptun-Konjunktion im Tierkreiszeichen Steinbock. Da sich jede Zeugungssituation gravierend von allen anderen unterscheidet, musste auch diese Planetenkonstellation jeweils in einem anderen Haus in Erscheinung treten. Und so war es denn auch.

Horoskop 1: Kevin, geboren am 17.2.1993, 14.20 Uhr, in Salzburg

Kevin wurde an einem Tag gezeugt, an dem sich seine Mutter aus der Arbeit befreite, indem sie »blaumachte«.

Wir sehen eine Uranus-Neptun-Konjunktion in Haus 6, also im »Haus der Arbeit«. Uranus in Haus 6 bedeutet: Befreiung aus dem Arbeitsprozess. Und Konjunktion Neptun: heimliche (Neptun) Befreiung bzw. die Befreiung (Uranus) durch eine Lüge (Neptun) [(Vortäuschung (Neptun) einer Krankheit (Haus 6)].

Horoskop 1:

Kevin
17.02.1993 14:20:00 MEZ
Salzburg
013° 03' 00" O 47° 48' 00" N
Placidus

1. 24°08' ♋	10. 00°38' ♈
2. 11°32' ♌	11. 08°24' ♉
3. 02°34' ♍	12. 20°08' ♊

☉	28°54' ♒	1.22	5.78
☽	14°56' ♑	1.89	5.11
☿	16°14' ♓	3.59	3.41
♀	11°53' ♈	4.91	2.09
♂	08°42' ♋	3.18	3.82
♃	14°06' ♎ ℞	4.51	2.49
♄	21°53' ♒	3.56	3.44
♅	20°22' ♑	0.78	6.22
♆	20°04' ♑	0.84	6.16
♇	25°31' ♏	4.13	2.87
☊	17°54' ♐ ℞	0.37	6.63
⚷	19°49' ♌ ℞	4.25	2.75
⚶	25°08' ♑	6.60	0.40
⊕	10°10' ♊	1.67	5.33
⚸	13°51' ♓	4.19	2.81

In diesem Zusammenhang sei noch eine weitere Komponente im Horoskop erläutert: die Sonnenstellung. Die Stellung der Sonne im Horoskop des Kindes zeigt an, wie die Kindsmutter den Kindsvater zum Zeitpunkt der Zeugung empfunden hat.

Die Stellung der Sonne von Kevin:
Die Kindsmutter sah den Kindsvater (Sonne) als einen Mann, der die Moral (Saturn) einer Beziehung (Haus 8) sprengt (Wassermann). (Der Kindsvater war mit einer anderen Frau verheiratet.)

Horoskop 2: Maximilian, geboren am 23.4.1993, 17.45 Uhr, in München

Die Kindsmutter täuschte (Neptun) den Kindsvater, indem sie vorgab, einen Ovulations- (Haus 4) Hemmer (Steinbock) zu nehmen, in Wirklichkeit hatte sie die Einnahme der »Pille« bewusst unterbrochen (Uranus).

Horoskop 2:

Maximilian
23.04.1993 17:45:00 MES
München
011° 34' 00" O 48° 08' 00" N
Placidus

1.	06°59'♎	10.	08°44'♋
2.	02°20'♏	11.	13°35'♌
3.	03°11'♐	12.	13°09'♍

☉	03°30'♉	6.74	0.26
☾	22°21'♉	2.46	4.54
☿	11°57'♈	5.63	1.37
♀	03°46'♈	0.95	6.05
♂	27°58'♋	3.14	3.86
♃	06°53'♎ ℞	0.03	6.97
♄	28°32'♒	3.46	3.54
♅	22°11'♑	4.30	2.70
♆	21°09'♑ S℞	4.51	2.49
♇	24°44'♏ ℞	1.92	5.08
☊	14°28'♐ ℞	4.78	2.22
⚷	17°14'♌	6.14	0.86
⚸	25°51'♒	4.10	2.90
⊕	25°51'♎	1.79	5.21
☾	21°06'♓	4.67	2.33

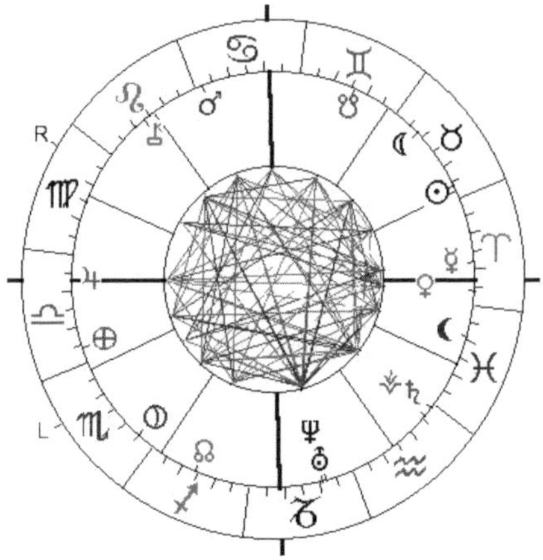

Die Stellung der Sonne:
Die Kindsmutter sah im Kindsvater einen reichen Mann (Sonne im Stier), den das Kind später einmal beerben (Haus 8) könnte.

Horoskop 3: Robert, geboren am 24.3.1993, 1.24 Uhr, in München

Roberts Zeugung wird auf den Seiten 63 bis 64 beschrieben: Die Inkarnation einer heimlichen und schnellen Befreiung.

Robert hat seine Existenz einer schnellen (Uranus) Flucht (Neptun) vor der Hitze (Neptun hat als Herrscher von Haus 3 die Sonne im Widder im »Rucksack« und wirft eine Opposition zu Mars in Haus 7) zu verdanken. Seine Eltern flüchteten schnell in ein dunkles (Saturn) Revier (Haus 2). Aufgrund dieser Prägung wird er in seinem Leben immer wieder gezwungen sein, schnell zu fliehen [womöglich auch über heimliche (Neptun) Seitensprünge (Uranus)], sofern es ihm

Horoskop 3:

Robert
24.03.1993 01:24:00 MEZ
München
011° 34' 00" O 48° 08' 00" N

Placidus

1.	21°20'♐	10.	20°38'♎
2.	00°55'♒	11.	15°09'♏
3.	15°51'♓	12.	04°10'♐

☉	03°23'♈	3.47	3.53
☽	11°12'♈	1.90	5.10
☿	10°23'♓	0.85	6.15
♀	16°48'♈ ℞	0.77	6.23
♂	15°33'♋	2.72	4.28
♃	10°38'♎ ℞	2.01	4.99
♄	25°48'♒	3.12	3.88
♅	21°43'♑	1.62	5.38
♆	20°55'♑	1.77	5.23
♇	25°21'♏ ℞	3.24	3.76
☊	16°05'♐ ℞	2.14	4.86
⚷	17°41'♌ ℞	4.39	2.61
⯓	12°11'♒	5.24	1.76
⊕	13°30'♐	3.19	3.81
☾	17°42'♓	6.63	0.37

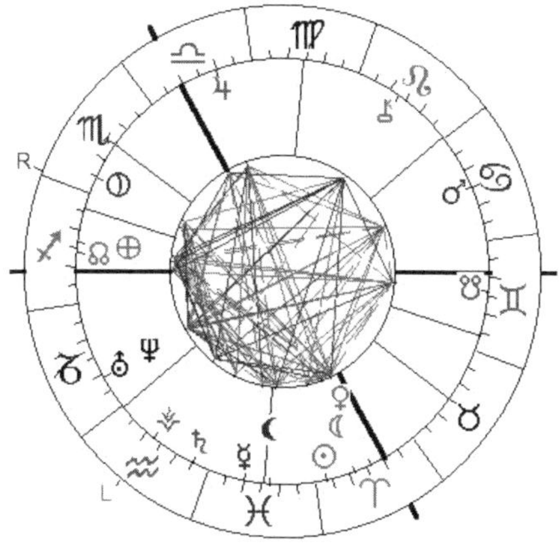

nicht gelingt, diese Konstellation konstruktiv zum Beispiel durch eine heimliche (Neptun) Erfindung (Uranus) einzulösen oder dadurch, dass er sich für die Befreiung (Uranus) von Lüge und Schein (Neptun) einsetzt (Haus 1).

Die Stellung der Sonne: Die Kindsmutter sah den Kindsvater als technisch und handwerklich (Haus 3) begabten, überdurchschnittlich intelligenten (Haus 3) Mann (Sonne) an, der aber zu wenig aus seinen Möglichkeiten machte (Neptun Herrscher von Haus 3). Ja mehr noch! Sie empfand ihn als Taugenichts (Neptun Herrscher von Haus 3 mit Sonne »im Rucksack«).

Horoskop 4: Patricia, geboren am 20.8.1993, 20.39 Uhr, in München

Die Kindsmutter unternahm mit ihren Freundinnen eine »Sauftour«, die unter dem Motto stand: »Was die Männer können, können wir schon lange!« Im Zustand der Trunkenheit lernte sie »zufällig« einen Mann kennen und nahm ihn mit nach Hause. Als sie am nächsten Morgen aufwachte, war der Mann verschwunden. Sie kannte weder dessen Familiennamen noch dessen Adresse oder Telefonnummer. Sie erinnerte sich nur noch daran, dass er ihr am Vorabend erzählt hatte, er sei Angestellter (Sonne in Haus 6), aber dabei weitgehend selbstständig (im Löwen) tätig. Kurze Zeit später wurde bei ihr eine Schwangerschaft festgestellt.

Horoskop 4:

Patricia
20.08.1993 20:39:00 MES
München
011° 34' 00" O 48° 08' 00" N
Placidus

1.	10°09' ♓	10.	21°12' ♐
2.	01°49' ♉	11.	10°05' ♑
3.	00°42' ♊	12.	02°33' ♒

☉	27°45' ♌		2.31	4.69
☽	09°22' ♎		3.04	3.96
☿	18°58' ♌		3.94	3.06
♀	21°52' ♋		3.33	3.67
♂	05°32' ♎		3.56	3.44
♃	13°02' ♎		2.54	4.46
♄	26°54' ♒	℞	2.47	4.53
♅	18°47' ♑	℞	4.29	2.71
♆	18°48' ♑	℞	4.29	2.71
♇	22°49' ♏		1.91	5.09
☊	08°09' ♐	℞	4.46	2.54
⚷	28°08' ♌		2.24	4.76
[illegible]	12°33' ♓	℞	6.68	0.32
⊕	28°32' ♑		1.25	5.75
☾	04°23' ♈		3.72	3.28

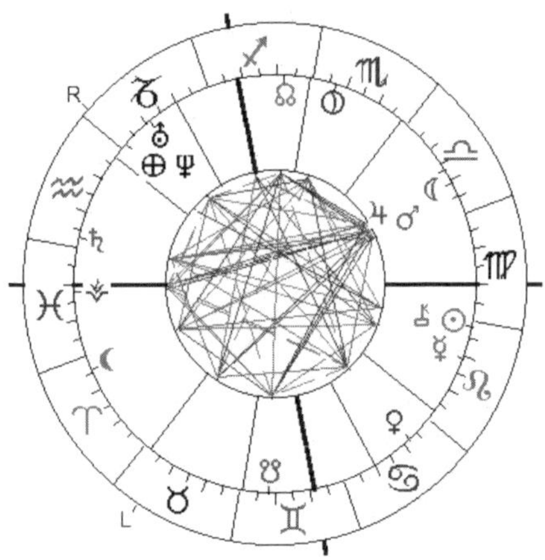

Wir sehen bei Patricia den Neptun als Herrscher von Haus 1 in Haus 11 in Konjunktion mit dem Uranus.

Dies bedeutet: Die wichtigste Anlage, Neptun Herrscher

von Haus 1 in Haus 11, wurde durch die Mutter begründet, indem sie in der Gruppe (Haus 11) zum »Saufen« (Neptun) ging und dabei eine so genannte Zufallsbekanntschaft (Uranus) machte. Dieser Mann war ihr weder vor noch nach dem Koitus namentlich bekannt. Und er ist dann einfach verschwunden (Uranus, Herrscher von Haus 12 in Haus 11). Diese Prägung mag auf den ersten Blick sehr ungünstig erscheinen, doch wie bei jedem Menschen gilt: Jede Prägung – ist sie auch noch so negativ – kann später auf einer anderen, angenehmeren Symbolebene ausgelebt werden. Patricia ist also keineswegs dazu verurteilt, in ihrem späteren Leben zum Beispiel in einer Frauengruppe dem Alkohol zu frönen, und auf diese Weise zu ihren Déjà-vu-Erlebnissen zu kommen, sondern kann ihre Anlage auch anders ausleben, zum Beispiel, indem sie die seelischen Hintergründe (Neptun) der Probleme ihrer Freunde (Haus 11) aufdeckt.

Wie die Zeugungssituation die Grundanlage (=Herrscher von Haus 1) eines Menschen bestimmen kann, sehen wir auch im Horoskop von Rita K.

Horoskop 5: Rita K., geboren 2.5.1954, 2.00 Uhr, in Nürnberg

Rita K. wurde in der Mittagspause gezeugt, als ihr Vater zum Essen nach Hause kam. Uranus als Herrscher von Haus 1 in Haus 6 zeigt die Unterbrechung der Arbeit an und das Tierkreiszeichen Krebs steht für die häusliche Wohnung und das Essen.

Aufgrund dieser Prägung ist es Rita K. nicht möglich, bei einer Arbeitsstelle zu bleiben. Daher arbeitet sie als »Springerin« (Uranus), das heißt, sie wird eingesetzt, wenn in ihrer Firma jemand krank geworden ist oder wegen Urlaub ausfällt. Zwischen solchen Einsätzen hat sie längere Pausen.

Horoskop 5:

Rita K.
02.05.1954 02:00:00 MEZ
Nürnberg
011° 04' 00" O 49° 27' 00" N

Placidus

1.	11°42' ♒	10.	07°18' ♐
2.	08°60' ♈	11.	25°45' ♐
3.	14°34' ♉	12.	14°47' ♑

☉	11°06' ♉		0.68	6.32
⚸	29°33' ♈		2.96	4.04
☿	03°10' ♉		2.24	4.76
♀	03°49' ♊		1.07	5.93
♂	05°54' ♑		3.26	3.74
♃	25°28' ♊		0.11	6.89
♄	05°39' ♏	℞	1.76	5.24
♅	19°33' ♋		5.76	1.24
♆	24°15' ♎	℞	4.00	3.00
⦶	22°32' ♌	℞	5.68	1.32
☊	18°21' ♑	℞	6.07	0.93
⚷	28°39' ♑		3.39	3.61
⯓	04°41' ♉		1.94	5.06
⊕	23°14' ♒		5.59	1.41
☾	25°06' ♎		3.83	3.17

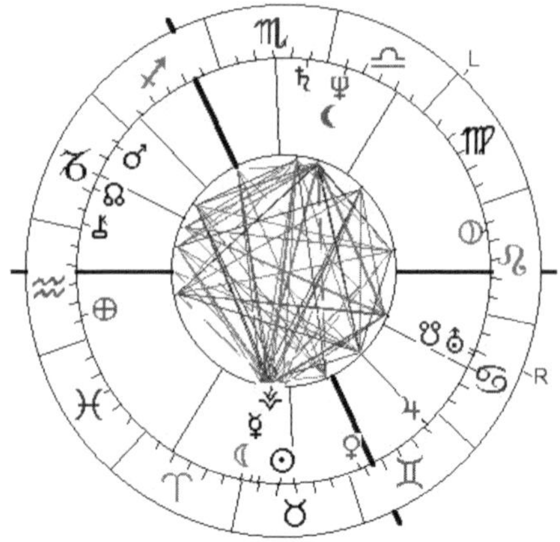

Rita K.: »Am liebsten wäre es mir, wenn mein Leben nur eine einzige lang gezogene Mittagspause wäre.«

PS: Die Kindsmutter sah im Kindsvater einen gut verdienenden Mann, der mit beiden Beinen fest im Leben stand (Sonne in Haus 2 im Stier).

Interessant ist in diesem Zusammenhang auch das Horoskop von Timon O.

Horoskop 6: Timon O., geboren am 22.7.1980, 22.40 Uhr, in Frankfurt

Timon O. wurde gezeugt, als sein Vater im Ausland (Schütze) wegen Drogenhandels (Neptun) angeklagt (Haus 10) war. (Auch hier wird diese Situation zur Grundanlage des Kindes, nämlich Neptun als Herrscher von Haus 1 in Haus 10 im Schützen.) Seine Mutter fuhr deshalb dorthin, um ihren Mann aus der Untersuchungshaft herauszuholen, was ihr

Horoskop 6:

Timon O.
22.07.1980 22:40:00 MES
Frankfurt am Main
008° 40' 00" O 50° 07' 00" N
Placidus

1.	06°40' ♓	10.	20°16' ♐
2.	01°20' ♉	11.	08°24' ♑
3.	00°18' ♊	12.	29°50' ♑

☉	00°09' ♌	6.94	0.06
☽	29°28' ♏	0.20	6.80
☿	15°12' ♋	4.78	2.22
♀	20°24' ♊	6.95	0.05
♂	06°54' ♎	3.13	3.87
♃	09°52' ♍	6.59	0.41
♄	23°11' ♍	4.88	2.12
♅	21°31' ♏ ℞	2.12	4.88
♆	20°19' ♐ ℞	6.98	0.02
♇	19°08' ♎	1.56	5.44
☊	21°06' ♌ ℞	2.96	4.04
⚷	17°50' ♉	3.01	3.99
⯗	17°39' ♋	3.98	3.02
⊕	07°22' ♏	5.54	1.46
☾	12°12' ♎	2.45	4.55

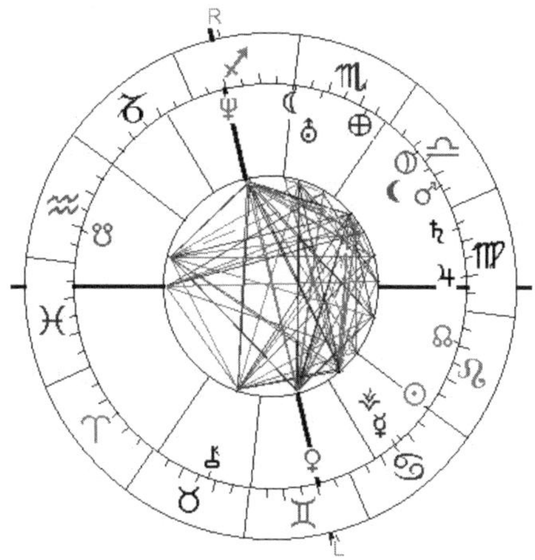

schließlich auch gelang. Danach mussten sie noch ein paar Tage bis zur Gerichtsverhandlung warten. In dieser Zeit fand der Geschlechtsakt in einem Wohnmobil (Venus im Zwilling in Haus 4 = Wohn-(Haus 4)-Revier(Venus/Stier) auf Rädern (Zwilling) statt, wobei der erotische Genuss durch die Angst vor der bevorstehenden Urteilsverkündung erheblich gedämpft wurde (Venus Opposition Neptun in Haus 10, Quadrat Saturn in Haus 7).

Horoskop 7: Felix, geboren am 22.2.1964, 22.35 Uhr, in München (siehe Schilderung des Falles auf Seite 19 und 20)

Felix' Mutter empfand eine große (Jupiter) Liebe (Venus Herrscher von Haus 1 in Haus 6) zu einem Soldaten (Widder) in subalterner Position (Haus 6). Da ihr der Umgang mit diesem Mann von ihren Eltern verboten wurde (Saturn in Haus 4 Konjunktion Mars), wurde der Koitus heimlich im Wald vollzogen (Sonne in den Fischen und Neptun in Haus 1). Da-

Horoskop 7:

Felix
22.02.1964 22:35:00 MEZ
München
011° 34' 00" O 48° 08' 00" N
Placidus

1.	27°12'♎	10.	04°48'♌
2.	24°32'♏	11.	08°39'♍
3.	27°43'♐	12.	05°53'♎

☉	03°18'♓	1.11	5.89
☽	03°58'♋	5.82	1.18
☿	18°13'♒	4.22	2.78
♀	14°14'♈	4.26	2.74
♂	02°03'♓	1.37	5.63
♃	18°50'♈	2.75	4.25
♄	26°30'♒	2.51	4.49
♅	08°14'♍ R	0.09	6.91
♆	17°50'♏ R	1.71	5.29
⚸	13°11'♍ R	5.84	1.16
☊	08°33'♋ R	4.95	2.05
⚷	13°46'♓	5.69	1.31
♇	28°36'♑	1.17	5.83
⊕	26°32'♊	0.25	6.75
☾	04°20'♐	4.93	2.07

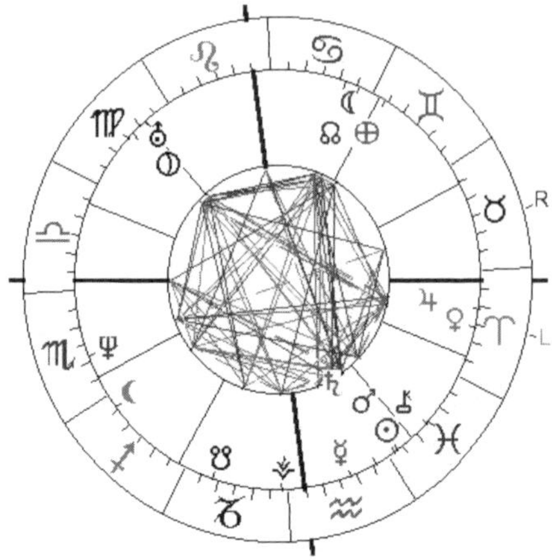

bei waren sie von der Angst erfüllt (Fische), dass sie von Voyeuren beobachtet wurden (Opposition Uranus in Haus 11 in der Jungfrau).

Wie auch immer die Zeugungssituation gewesen sein mag, immer steht sie symbolisch verschlüsselt im Horoskop. So auch im Falle von Julia, deren Zeugung im Labor stattfand (In-vitro-Fertilisation).

Horoskop 8: Julia geboren am 1.12.1986 um 11.26 Uhr, in Passau

Wir sehen bei Julia Sonne (Befruchtung) und Mond (das Ei) in Konjunktion in Haus 10 (in der Öffentlichkeit) im Schützen – die Kindseltern fuhren, um diese künstliche Befruchtung durchführen zu lassen, ins Ausland (Schütze). Ferner steht im Horoskop von Julia der Saturn, der Herrscher von Haus 12 ist, im 10. Haus.

Horoskop 8:

Julia
01.12.1986 11:26:00 MEZ
Passau
013° 28' 00" O 48° 35' 00" N

Placidus

1. 04°25′♒	10. 02°03′♐
2. 29°55′♓	11. 21°05′♐
3. 07°50′♉	12. 09°50′♑

☉	08°56′♐	4.47	2.53
☾	05°13′♐	5.83	1.17
☿	18°55′♏	3.80	3.20
♀	05°27′♏	0.44	6.56
♂	03°37′♓	3.32	3.68
♃	13°52′♓	2.03	4.97
♄	11°49′♐	3.40	3.60
♅	21°45′♐	6.75	0.25
♆	04°33′♑	1.97	5.03
♇	08°32′♏	6.80	0.20
☊	18°07′♈ ℞	3.64	3.36
⚷	19°11′♊ ℞	0.70	6.30
⚶	06°31′♈	5.78	1.22
⊕	00°43′♒	1.05	5.95
⚸	00°57′♋	3.32	3.68

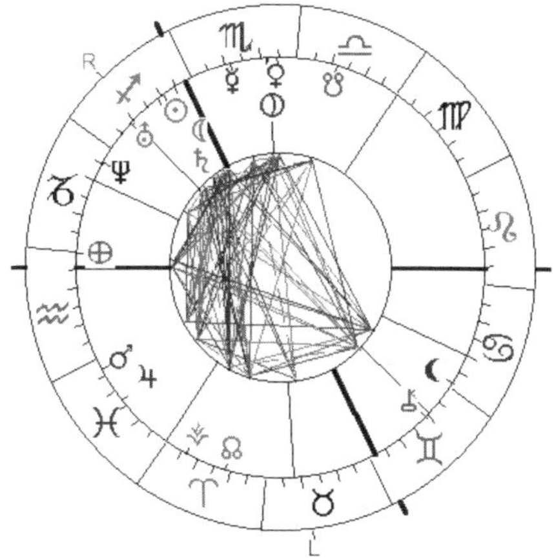

Das bedeutet, dass die Befruchtung des Eies der Mutter offiziell (Haus 10) im Krankenhaus (Haus 12) erfolgte und protokolliert (Saturn) wurde.

Horoskop 9: Benjamin E. geboren am 22.9.1989 um 10.24 Uhr, in Traunstein

Benjamin E. verdankt seine Existenz dem Umstand, dass ein halbes Jahr vor seiner Zeugung ein Geschwisterchen (Mädchen) im Alter von einem Jahr an einem Genschaden gestorben ist. Da seine Eltern unbedingt ein Kind wollten, starteten sie einen erneuten Versuch. Insofern könnte man ihn als Inkarnation des Ersatzes für seine verstorbene Schwester bezeichnen. Diese Situation wird im Horoskop durch den Skorpionaszendenten und der Pluto-Venus-Konjunktion in Haus 1 verdeutlicht.

Horoskop 9:

Benjamin E.
22.09.1989 10:24:00 MES
Traunstein
012° 38' 00" O 47° 52' 00" N

Placidus

1.	06°31' ♏	10.	17°22' ♌
2.	04°55' ♐	11.	20°26' ♍
3.	09°36' ♑	12.	16°20' ♎

☉	29°19' ♍	4.60	2.40
☽	02°34' ♋	1.42	5.58
☿	04°37' ♎ ℞	3.16	3.84
♀	11°24' ♏	5.79	1.21
♂	01°46' ♎	3.94	3.06
♃	08°45' ♋	0.17	6.83
♄	07°24' ♑	0.44	6.56
♅	01°24' ♑	1.65	5.35
♆	09°37' ♑ SD	7.00	0.00
♇	13°24' ♏	5.30	1.70
☊	23°47' ♒ ℞	5.64	1.36
⚷	15°44' ♋	5.86	1.14
⚸	09°05' ♑	0.10	6.90
⊕	09°46' ♌	1.41	5.59
☾	25°15' ♎	3.91	3.09

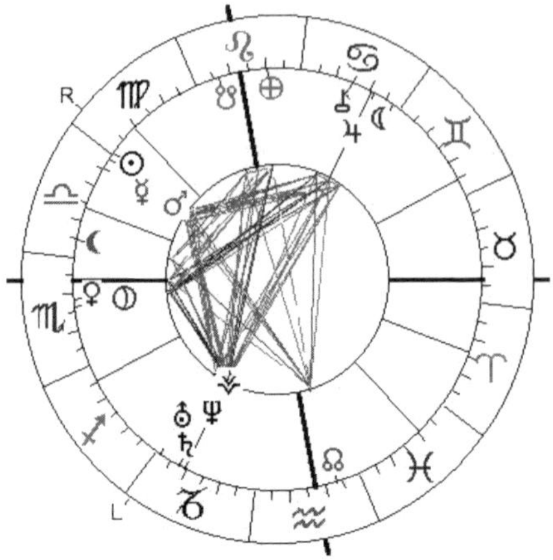

Es folgen weitere Beispiele für die Stellung der Sonne im Horoskop eines Kindes.

Horoskop 10: Pia, geboren am 22.7.1934, 23.45 Uhr, in Nürnberg

Wir sehen bei Pia die Sonne im Krebs in Haus 4 in Konjunktion mit Pluto.

Pia wurde zu einem Zeitpunkt gezeugt, in dem ihre Mutter Angst hatte, bei einer erneuten Schwangerschaft sterben zu müssen, da deren letzte Geburt sehr problematisch verlief. Die Gedankengänge ihrer Mutter waren: »Wenn ich sterben sollte, dann wird mein Mann, der ein hervorragender Familienvater ist (Sonne im Krebs in Haus 4), die Familie schon irgendwie durchbringen. Auf ihn kann ich mich verlassen! Außerdem haben wir ja noch einen kleinen Schrebergarten (Venus/Stier, Herrscher von Haus 1 in Haus 2). Dieser wäre in einer Notsituation eine große Hilfe für die Familie.«

Horoskop 10:

Pia
22.07.1934 23:45:00 MEZ
Nürnberg
011° 04' 00" O 49° 27' 00" N
Placidus

1.	14°42' ♉	10.	20°38' ♑
2.	12°54' ♊	11.	12°53' ♒
3.	02°15' ♋	12.	17°24' ♓

☉	29°24' ♋	4.24	2.76
☽	09°40' ♐	0.80	6.20
☿	14°08' ♋	2.48	4.52
♀	29°01' ♊	1.17	5.83
♂	04°44' ♋	6.05	0.95
♃	15°49' ♎	3.53	3.47
♄	26°42' ♒ ℞	4.20	2.80
⛢	01°22' ♉	1.63	5.37
♆	10°35' ♍	1.38	5.62
⌽	24°27' ♋	5.80	1.20
☊	10°50' ♒ ℞	0.65	6.35
⚷	08°17' ♊	1.15	5.85
⯓	09°45' ♎	4.27	2.73
⊕	04°26' ♑	6.17	0.83
⚸	00°25' ♌	3.92	3.08

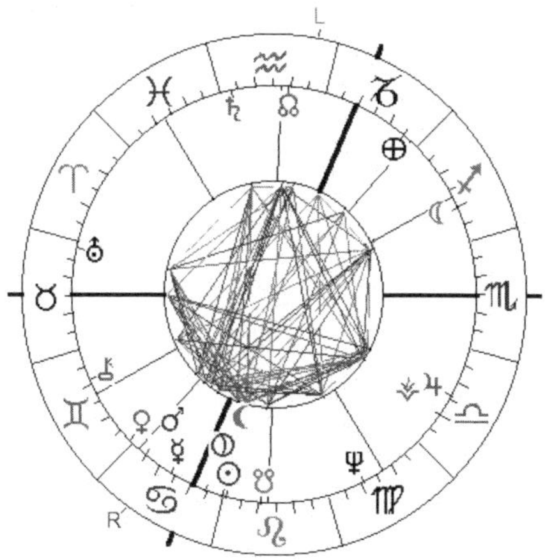

Doch nicht die Mutter starb, sondern Pias Vater. Er kehrte vom Krieg nicht mehr zurück.

Aufgrund dieser Prägung suchte sich Pia später einen Mann (Sonne), den sie dominieren (Pluto) konnte und der früh sterben (Pluto) musste. Hätte jedoch der Mann sie beherrscht, hätte bei dieser Konstellation Pia u. U. selbst sterben müssen, sofern sie ihre Pluto-Hemmung nicht anderweitig, etwa über eine berufliche Machtposition, hätte kompensieren können.

Horoskop 11: Siegfried, geboren am 31.10.1992, 10.32 Uhr, in Stuttgart

Die Kindsmutter empfand den Kindsvater als außergewöhnlich (Haus 11) mächtigen (Skorpion) Mann (Sonne).

Horoskop 11:

Siegfried
31.10.1992 10:32:00 MEZ
Stuttgart
009° 11' 00" O 48° 46' 00" N
Placidus

1.	15°03' ♐	10.	13°11' ♎
2.	22°27' ♑	11.	08°49' ♏
3.	06°56' ♓	12.	28°14' ♏

☉	08°13' ♏		0.166.84
☽	16°14' ♑		1.165.84
☿	01°46' ♐		5.531.47
♀	14°09' ♐		0.376.63
♂	22°45' ♋		6.950.05
♃	04°16' ♎		1.725.28
♄	12°01' ♒		3.923.08
♅	14°40' ♑		1.465.54
♆	16°30' ♑		1.115.89
♇	22°18' ♏		2.144.86
☊	23°41' ♐	℞	5.381.62
⚷	22°26' ♌		2.284.72
⚶	26°40' ♏		0.576.43
⊕	23°04' ♒		2.184.82
⚸	01°42' ♓		0.836.17

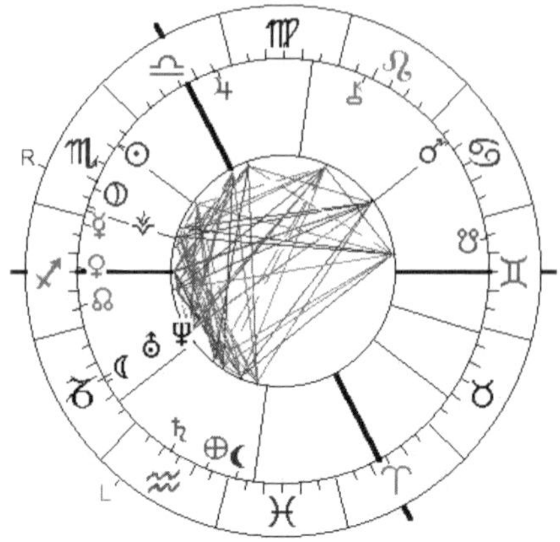

Aus Platzgründen und um die astrologischen Ausführungen zu begrenzen, wird in den zwei folgenden Horoskopen nur eine Deutung nach dem Herrschersystem vorgenommen. Selbstverständlich könnte, insbesondere bei Hinzunahme der Aspektlehre (Winkelverbindungen der Planeten), eine noch ausführlichere und komplexere Deutung vorgenommen werden.

Horoskop 12: Jeanette, geboren am 31.1.1952, 14.38 Uhr, in Marseille/Frankreich (siehe Fallstudie auf Seite 163 ff.)

Wir sehen bei Jeanette als Grundanlage den Mond als Herrscher von Haus 1 in Haus 11 im Widder mit Uranus »im Rucksack«. Diese Konstellation spiegelt die Situation wider, in der sich ihre Mutter Denise bei der Zeugung befand: Denise wollte sich wohnlich (Krebs) verändern (Uranus), sich von der Hausfrauenrolle (Krebs) befreien (Uranus in Haus 1 sowie Mond in Haus 11) und als Frau wirtschaftlich (Mond, Herrscher von Haus 2) unabhängig (Haus 11) werden. Ferner litt sie darunter, dass sie aufgrund des Zwanges, sich an ihren

Horoskop 12:

Jeanette
31.01.1952 14:38:00 MEZ
Marseille
005° 24' 00" O 43° 18' 00" N

Placidus

1.	03°24' ♋	10.	07°58' ♓
2.	22°26' ♋	11.	12°07' ♈
3.	12°45' ♌	12.	24°33' ♉

☉	10°38' ♒	0.73	6.27
☽	13°16' ♈	6.81	0.19
☿	26°06' ♑	5.74	1.26
♀	04°45' ♑	6.50	0.50
♂	05°05' ♏	3.21	3.79
♃	10°18' ♈	0.37	6.63
♄	14°56' ♎ ℞	6.53	0.47
♅	10°48' ♋ ℞	4.27	2.73
♆	21°42' ♎ ℞	5.42	1.58
◑	20°34' ♌ ℞	4.83	2.17
☊	01°50' ♓ ℞	1.70	5.30
⚷	08°21' ♑	5.18	1.82
⚶	14°19' ♍ ℞	5.70	1.30
⊕	06°02' ♍	0.54	6.46
☾	23°35' ♋	6.60	0.40

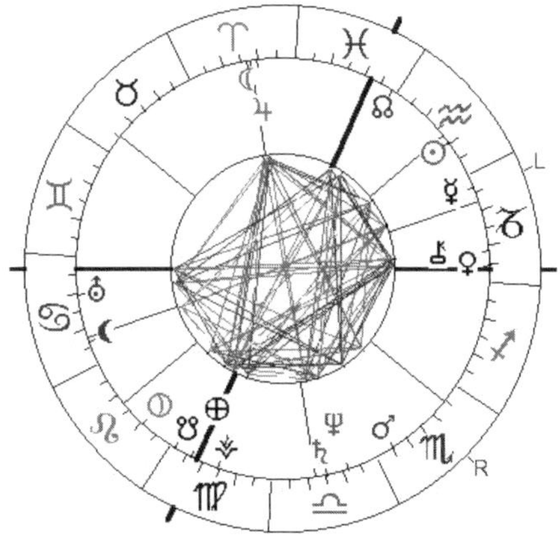

Ehemann anzupassen, in ihrem Aktionsradius eingeschränkt wurde (Pluto, Herrscher von Haus 6 in Haus 3, Sonne, Herrscher von Haus 3 in Haus 8). Ihr Wunsch war, sich von diesem Mann zu trennen, um ihre Vorstellungen (Haus 8) frei und unabhängig (Wassermann) verwirklichen (Sonne) zu können. Besonders störte sie das gemeinsame Bankkonto – sie wollte viel lieber, dass in einer Partnerbeziehung getrennte (Wassermann) Finanzen (Haus 8 = gemeinsamer Besitz, gemeinsame Finanzen) eingeführt werden. Bereits die Herrscher der ersten drei Häuser zeigen Jeanette drei wichtige Aufgaben, die es in ihrem Leben zu bewältigen gilt:

1. Eine neue Heimat für sich zu finden.
2. In finanzieller Hinsicht von ihrem Ehemann unabhängig zu werden, das gemeinsame eheliche Bankkonto zu kündigen und ein eigenes Konto zu eröffnen, auf das nur sie allein Zugriff hat.
3. sich vom Ehemann zu trennen, um das zu verwirklichen, was ihre Mutter nicht geschafft hatte.

Gehen wir in der Horoskopinterpretation noch ein Stück weiter: Merkur (Jungfrau), Herrscher von Haus 4 in Haus 8 deutet darauf hin, dass ihr Ehemann Heim und Haushalt (Haus 4), die Jeanette finanziert (inklusive einer Hausangestellten) legal über den Ehevertrag (Steinbock) nutzt (Merkur Jungfrau in Haus 8).

Venus (Waage), Herrscher von Haus 5 steht in Haus 7 und hat Saturn, Neptun und Mars »im Rucksack«: Sie hat in ihrer selbstständigen Tätigkeit (Haus 5), die auf dem helfenden Sektor liegt (Neptun Herrscher von Haus 10 in Haus 5) viele berufsbedingte Begegnungen mit Personen, die Probleme (Saturn-Minusladung), Schwächen und Ängste (Neptun-Minusladung) und Schmerzen (Mars-Minusladung) haben.

Da Jeanette als Ärztin selbst den Saturn in der Kompensation, also in der Plusladung erlebt, bekommt sie von ihren Patienten und von den Menschen in ihrem Umfeld Anerkennung, nicht zuletzt für ihre geschmackvoll eingerichtete Praxis (Saturn in der Waage in Haus 5).

Diese 4. Aufgabe, nämlich beruflich Karriere zu machen (was für ihre Mutter nicht möglich war), hat Jeanette also ebenfalls gemeistert. Dabei kam ihr auch Jupiter, Mitherrscher von Haus 6 in Haus 11 zu Hilfe: sich durch Bildung (Jupiter) aus der Masse herausheben (Haus 11). Die Herrscher der übrigen Häuser, zum einen Uranus, Herrscher von Haus 9 in Haus 1 (Abwechslung zwischen einem Wohnsitz im Ausland und einem in der Heimat), und zum anderen Mars, Herrscher von Haus 11 in Haus 5 im Skorpion mit Mond und Jupiter im Gepäck (die Pionierarbeit einer emanzipierten, gebildeten Frau in einer therapeutischen Richtung), bestätigen und verstärken die bisher aufgezeigten Auslebensformen.

Als 5. Aufgabe wäre jetzt nur noch die Venus (Stier) als Herrscher von Haus 12 zu erlösen. Dies ist eine sehr angenehme Aufgabe, geht es doch dabei darum, dem Genuss und dem Wohlleben (Venus-Stier), die bei ihr bisher zu kurz gekommen sind, weil sie verdrängt (Haus 12), gehemmt und tabuisiert (Steinbock) waren, in ihrem Leben mehr Raum zu geben.

Auch den Mitherrscher Merkur (Zwilling) von Haus 12 kann Jeanette nun endlich auf einer anderen Ebene ausleben, auf der mehr Erfüllung möglich ist: nicht mehr wie vorher bei ihrem Ehemann als Hemmung und Blockade im partnerschaftlichen Gespräch, sondern als wertvolle hintergründige und alternative Informationen, die ihren Meinungsbildungsprozess (Haus 8) fördern und als tiefsinnige Gespräche mit ihrem neuen Partner, den sie beim Kauf ihres Ferienhauses kennen lernte.

Dadurch, dass sie die an sie gestellten Aufgaben so bravourös gemeistert hat, wurden auch andere Anlagen in ihrer Frequenz so günstig verändert, dass sie nunmehr endlich mit ihrem Leben zufrieden ist. Jeanette: »Ich kann heute mit Überzeugung sagen: Ich bin eine Gewinnerin!«

Horoskop 13: Susanne, geboren am 4.5.1956, 14.15 Uhr, in Nürnberg (siehe Fallstudie auf Seite 166 ff.)

Zeugungssituation:
Wir sehen bei Susanne die Grundanlage Merkur (Jungfrau), Herrscher von Haus 1 in Haus 9, das heißt, die Nutzung (Merkur/Neptun) der Reise zur Weiterentwicklung der Partnerschaft (Haus 9).

Venus (Waage), Herrscher von Haus 2 in Haus 10 mit Neptun als »Mieter« bedeutet: Das schöne Paar zeigt sich in der Öffentlichkeit, ist aber sozialrechtlich nicht anerkannt, da die beiden nicht miteinander verheiratet sind. Pluto, Herrscher von Haus 3 in Haus 12 im Löwen, Konjunktion Jupiter heißt: Die Kindsmutter träumt (Haus 12) während des Geschlechtsverkehrs von einer glanzvollen (Löwe) großen (Jupiter) Hochzeit [Pluto mit Saturn (= Legalisierung

Horoskop 13:

Susanne
04.05.1956 14:15:00 MEZ
Nürnberg
011° 04' 00" O 49° 27' 00" N
Placidus

1.	17°09'♍	10.	13°36'♊
2.	09°57'♎	11.	19°57'♋
3.	08°46'♏	12.	21°26'♌

☉	14°02'♉	5.94	1.06
☽	29°60'♒	4.67	2.33
☿	04°43'♊	1.79	5.21
♀	27°30'♊	4.32	2.68
♂	12°20'♒	2.02	4.98
♃	21°56'♌	6.87	0.13
♄	00°42'♐ ℞	2.59	4.41
♅	28°36'♋	5.08	1.92
♆	28°38'♎ ℞	2.46	4.54
⏀	26°06'♌ ℞	5.73	1.27
☊	09°30'♐ ℞	0.82	6.18
⚷	11°39'♒	2.18	4.82
♇	03°56'♏ ℞	1.18	5.82
⊕	03°07'♋	3.24	3.76
☾	16°49'♑	0.60	6.40

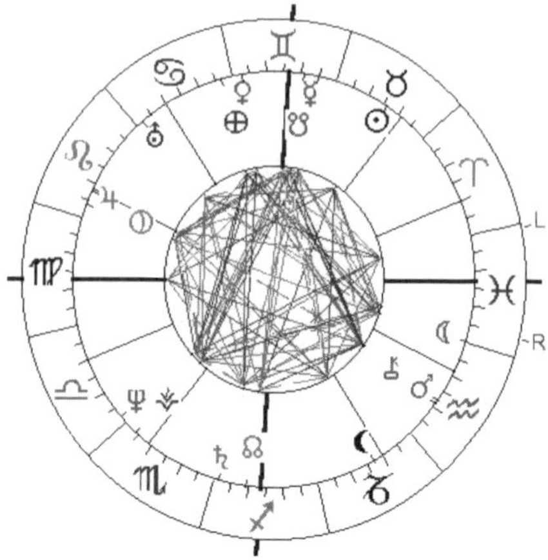

der Beziehung) »im Rucksack«]. Deshalb ließ sie sich auf einen Koitus ohne Kondom ein, wofür der Kindsvater eindringlich (Saturn Herrscher von Haus 5 in Haus 3) plädierte.

Auf einer anderen Symbolebene wurde Jupiter, Herrscher von Haus 4 in Haus 12, erlebt als internationales (Jupiter) Grand-(Löwe)Hotel (Herrscher von Haus 4) mit Meeresblick (Haus 12). Saturn hat den Mars im Wassermann als »Mieter«, das heißt, der Penis (Mars) ist nicht eingeengt, sondern frei und ohne Ballast.

Uranus ist Herrscher von Haus 6 mit dem Mond als »Mieter«.

Das bedeutet: Der Kindsvater befreite die Kindsmutter aus ihrem Arbeitsverhältnis, was jedoch mit einer finanziellen Verunsicherung (Uranus Quadrat Neptun in Haus 2) verbunden war.

Der Sexualakt (Sonne) fand unter genussvollen Rahmenbedingungen (Stier) im Ausland (Haus 9) statt. Die Kindsmutter empfand den Kindsvater als reich (Stier), gebildet

(Haus 9) und weltmännisch (Haus 9). (Ein und dieselbe Konstellation kann auf verschiedenen Symbolebenen erlebt werden!)

Betrachtung des späteren Lebens:

Merkur/Jungfrau, Herrscher von Haus 1 in Haus 9:

Analyse (Merkur/Jungfrau) von Philosophie und Religion, akribische (Merkur/Jungfrau) Auseinandersetzung mit Sinnfragen (Haus 9)

Venus/Waage, Herrscher von Haus 2 in Haus 10 mit Neptun als »Mieter«:

Susanne präsentiert ihr attraktives Äußeres (Venus), das mit einem Hauch von Verruchtheit (Neptun) »gewürzt« ist, in der Öffentlichkeit (Haus 10). Die Unsicherheit (Neptun-Minus-Pol) in Bezug auf sozialrechtliche Absicherung (Haus 2) und in Bezug auf Eigenwert (Haus 2) kompensiert sie mit exzessivem Rauchen (Neptun-Plus-Pol). Den Pluto Herrscher von Haus 3 in Haus 12 im Löwen lebt sie aus als »glanzvolles« (Löwe), dogmatisches (Pluto), rechthaberisches (Saturn als »Mieter« in Haus 3) Sprechen (Haus 3) ohne Unterlass (Haus 12). Jupiter, Herrscher von Haus 4 in Haus 12 im Löwen: sonnendurchflutete, großzügige (Jupiter) Wohnung (Herrscher von Haus 4) mit Seeblick (Haus 12). Mars als Herrscher von Haus 8 in Haus 5 im Wassermann:

In Susannes Leben spielt die Sexualität eine große Rolle. Beim Sex fackelt sie nicht lange, sondern kommt schnell (Mars) zur Sache und das bei vielen verschiedenen (Wassermann) Liebhabern (Mars). Sie will dabei ständig Moral und Konvention (Saturn Herrscher von Haus 5) von ihrer Mutter (im Quadrat zum Mond in Haus 6) durchbrechen (Mars) und sprengen [Wassermann (Uranus, Herrscher von Haus 6 in Haus 11 mit Mond als »Mieter«)]. Ferner befreite sie sich von subalterner Arbeit (Uranus, Herrscher von Haus 6 in Haus 11 mit Mond als Mieter). Venus/Stier, Herrscher von Haus 9 in Haus 10 mit Merkur und Sonne als »Mieter«: Sie machte Auslands-(Haus 9)Immobilien(Stier) zu ihrem Beruf, zusammen mit ihrem Ehemann, der als Schweizer in Deutschland als Ausländer (Haus 9) galt (Sonne in Haus 9).

Merkur (Zwilling), Herrscher von Haus 10 in Haus 9: Sie versucht, all die Informationen, die ihr in der Öffentlichkeit zugänglich sind, für ihre Sinnsuche einzusetzen. Der Mond, Herrscher von Haus 11 in Haus 6 mit Uranus als »Mieter«: Als emanzipierte (Haus 11) Frau (Mond) versucht sie, ihre Arbeit (Haus 6) unabhängig und frei (Uranus) durchzuführen.

Die Sonne als Herrscher von Haus 12 in Haus 9: Sie will Licht (Sonne) in die Hintergründe des Seins (Haus 12) bringen, insbesondere in Bezug auf Macht (Pluto in Haus 12) und Weltanschauung (Jupiter in Haus 12), um damit ihre Sinnsuche (Haus 9) zu forcieren. Die Ursache hierfür war der nicht greifbare (Haus 12) Vater (Sonne), der als geistig versiert (Haus 9) und gebildet (Haus 9) galt.

Begriffserklärungen

Überich:	Der Maßstab von Gut und Böse ist identisch mit dem erlernten Gewissen bzw. mit dem Überich. Das Überich ist eine durch Kindheitseindrücke, Erziehungseinflüsse und sonstige Umwelteinflüsse erworbene psychische Instanz. Es entsteht durch Introjizierung von Normen, Vorschriften, Geboten und Verboten der Umwelt in die seelische Welt. Dabei spielt es keine Rolle, ob die entsprechenden Normen oder Tabus ausgesprochen werden oder unausgesprochen bleiben. Dieses ins Innere aufgenommene Kontrollsystem, das dem Individuum von seinen Eltern und anderen erwachsenen Autoritätspersonen eingepflanzt wurde, verlangt Gehorsam.
Déjà-vu-Erlebnis: (französisch: schon gesehen)	Man hat in einer bisher unbekannten Umgebung oder völlig neuen Situation den Eindruck, sie schon früher erlebt zu haben. Ein Déjà-vu-Erlebnis kann durch teilweise Übereinstimmung oder Ähnlichkeit mit früheren tatsächlichen Erlebnisinhalten (zum Beispiel mit der Zeugungssituation) oder als Übereinstimmung mit eigenen im Bewusstsein oder im Unbewussten vorhandenen Vorstellungsbildern erklärt werden.
Gesetz der Affinität:	Dieses Schicksalsgesetz besagt, dass eine Verwandtschaft bzw. eine Entspre-

chung besteht zwischen der Innenwelt und der Außenwelt, dass das, was uns außen begegnet, auch in uns wohnt, und dass die äußeren Symbole, die uns umgeben, Widerspiegelungen unseres Innenlebens sind.

Gesetz der Wiederkehr des Verdrängten: Durch Verdrängung werden Inhalte nicht einfach aus dem Seelenleben gelöscht, sie ruhen dort vielmehr latent und kehren eines Tages wieder. Sie werden unbewusst auf andere Personen sowie auf materielle Gegenstände projiziert, die das verdrängte Potential symbolisieren.

Kollektivneurose (2. Natur): Die dem Menschen »aufgepfropfte« Natur. Das Wesen der Kollektivneurose besteht darin, dass die menschlichen Anlagen und Fähigkeiten in ihrer Entwicklung durch Normen gehemmt werden. Aufgrund dieser Blockierung kommt es zu den so genannten Abwehr- und Anpassungsmechanismen, die summa summarum die 2. Natur bilden. In der Welt der Kollektivneurose strebt man nicht mehr danach, seine Anlagen und Fähigkeiten zu entwickeln, sondern nur noch nach Ersatz (Surrogatkultur).

Wahre Natur (1. Natur): Die unter dem künstlichen Überbau der 2. Natur verborgene, wirkliche Natur des Menschen. Durch die Entfaltung seiner von der Natur angelegten Talente und Fähigkeiten, bringt man seine Energien in freien Fluss und betreibt dadurch aktive Schicksalsprophylaxe.

Elternrollenspieler:	Der Elternrollenspieler tut so, als ob er den Normen und Idealen der Kultur- und Zeitepoche entsprechen könnte. Er fühlt sich den Kindrollenspielern überlegen, er belehrt, maßregelt, kontrolliert und straft.
Kindrollenspieler:	Der Kindrollenspieler lässt sich von den Normen und Idealen der Kultur- und Zeitepoche hemmen. Er wiederholt das Rollenverhalten, das er früher bei seinen Eltern zeigte auf einer neuen Ebene. Er lässt sich indoktrinieren, maßregeln, kontrollieren und strafen.

Bibliografie

Vivien Marx:	Das Samenbuch; Frankfurt 1997
Meyer-Nachlagewerke:	Wie funktioniert das? – Der Mensch und seine Krankheiten; Mannheim 1988
Friedrich Cramer:	Falscher Ansatz in der Genforschung; Interview aus Psychologie Heute, 9/2001
Jörg Blech, Beate Lakotta, Hans-Joachim Noack	Babys auf Rezept; Spiegel Nr. 4, 2002
Hartmut Doer/ Fred W. Schneider:	Soziologische Bausteine; Bochum 1986
Alexander Lowen:	Bio-Energetik; München 1979
Hermann Meyer:	Jeder bekommt den Partner, den er verdient; München 1997 Die eigene Identität; München 1999 Psycho-Anti-Aging; München 2001 Das astrologische Herrschersystem; München 1996
Carl Gustav Jung:	Gesammelte Werke; Olten 1990

Das Zeugungs-Rekonstruktions-Training (ZRT)

Das Zeugungs-Rekonstruktions-Training wird an unserem Institut nach der von Hermann Meyer entwickelten Original-Methode von erfahrenen Trainern durchgeführt.

Es ist für all diejenigen Menschen geeignet, die ihr »Drehbuch« kennen lernen möchten, also wissen wollen, welches – meist unbewusste – Skript ihr Leben bestimmt, welche Themen und Lernaufgaben sie in ihrem Leben zu bewältigen bzw. zu lösen haben und welch tieferer Sinn dahinter verborgen ist.

Ein weiteres Ziel des ZRTs ist es, jedem Teilnehmer aufzuzeigen, nach welchen Strategien und Taktiken er vorgehen kann, um ohne größere Umwege und Zeitverluste die richtige Wahl seines Partners, seiner Wohnung und seines Berufes zu treffen, kurz, um sein persönliches Paradies zu finden.

Orte der Trainings: München, Hannover, Wien, Graz, Luzern.

Kosten:	Einzelsitzung 3 Std. 190.– €
	Ferien-Intensivwoche am Chiemsee 330.– €
	Wochenendseminare 145.– €

Information: Institut für psychologische Astrologie, Sendlingerstr. 28, 80331 München, Tel.: 089-260 88 42 (Mo.–Fr. 9–13 Uhr)

Hermann Meyer, Schicksalsforscher und Zeugungs-Rekonstruktions-Trainer, Leiter des Instituts für psychologische Astrologie in München. Nach dem Studium der Psychologie und Naturheilkunde in der psychosomatischen Forschung tätig. Jahrelang Vorstandsmitglied von IPSF (Psychosomatisches Forschungszentrum). Autor der Bücher: »Astrologie und Psychologie – eine neue Synthese«, »Die neue Sinnlichkeit«, »Gesetze des Schicksals«, »Der Tod ist kein Zufall«, »Jeder bekommt den Partner, den er verdient«, »Die eigene Identität«, »Psycho-Anti-Aging« und »Die Lebensschule«.

„Selbstverwirklichung oder Erfolg?“

Diese Frage stellen sich viele Menschen angesichts der zunehmend schwieriger werdenden Arbeits-, Verdienst- und Lebensbedingungen. Doch das eine schliesst das andere nicht aus. Erst durch das Finden der eigenen Identität ist es möglich, das vorhandene Potential zu erkennen und zu nutzen sowie die richtige Wahl der Wohnung, des Arbeitsplatzes und des Lebenspartners zu treffen. Was dann "erfolgt" ist kein Zufall mehr, sondern das Ergebnis einer selbst-bewussten Persönlichkeit.

Hermann Meyer verbindet mit diesem Buch sein profundes Wissen über die Zusammenhänge menschlichen Verhaltens mit den Kenntnissen der Erfolgskybernetik. Er versteht es, in leicht verständlicher Form die vielfältigen Ursachen für Erfolg und Misserfolg näherzubringen und macht Mut, die persönlichen Ziele konsequent zu verwirklichen und so auf die Sonnenseite des Lebens zu kommen.

Hermann Meyer: **Die eigene Identität**
220 Seiten, Paperback, 15.30 €
Trigon-Verlag, München, ISBN: 3-00-003838-8

Es wurde bisher völlig übersehen, dass die herkömmliche Schulbildung nur einen Bruchteil der menschlichen Anlagen fördert. All das, was für ein Leben wirklich von großer Wichtigkeit ist, wird ausgespart. Es werden fast ausschließlich Fremdsprachen und mathematische Kenntnisse gefördert, also Fähigkeiten, die in dieser Einseitigkeit für Glück und Erfolg des Individuums und der Gesellschaft kaum ins Gewicht fallen.
Dass es außer diesen von der herkömmlichen Schule geförderten Anlagen auch noch andere Fähigkeiten geben könnte, die für das Wohl und Wehe des Einzelnen von viel größerer Bedeutung sind, wird kaum gesehen. Obwohl täglich überall die Unzulänglichkeiten und Unfähigkeiten dieser einseitigen Bildung offensichtlich werden, gab es bisher kaum eine Schule, die die im Menschen von Natur aus angelegten Fähigkeiten zutage fördert. Es sind dies Fähigkeiten, die den Einzelnen mehr Lebensqualität, mehr Glück in Partnerschaft und Beruf erfahren lassen, Fähigkeiten und Kenntnisse, die ihn und seine Mitmenschen bereichern.
Dazu gehören: Medizin – Psychologie – Schicksalskunde – Ernährungskunde – Management und Erfolgskybernetik – Partner- und Beziehungsfähigkeit – Kommunikationsfähigkeit – Wirtschaft und Finanzen – humanes Bauen und Wohnen – Pädagogik – Ökologie – Soziologie.

Hermann Meyer:

Die Lebensschule

Erfolgreich werden als Mensch

ca. 230 Seiten, Paperback, 15.30 €

Trigon-Verlag, München, ISBN: 3-00-004745-X